Unverlierbarkeit des Heils
Was sagt die Bibel dazu?

Reihe - HEISSE EISEN 2

Thomas Zimmermanns

Lichtzeichen Verlag

Thomas Zimmermanns

Unverlierbarkeit des Heils

Was sagt die Bibel dazu?

Reihe - Heiße Eisen 2

1. Auflage 2008
Umschlaggestaltung / Satz: Manuela Bähr-Janzen
Druck: Druckhaus Harms
Printed in Germany.

ISBN: 978-3-936850-80-2
Bestell-Nr.: 30-5-851

UNVERLIERBARKEIT DES HEILS

WAS SAGT DIE BIBEL DAZU?

Reihe - HEISSE EISEN 2

Thomas Zimmermanns

Lichtzeichen Verlag

INHALT

Einleitung

In den Bänden der aktuell erscheinenden Reihe "Heiße Eisen" setzt sich der Autor jeweils mit einer umstrittenen theologischen Lehre auseinander.

Gott schenkt den Gläubigen in seinem Wort zahllose großartige Verheißungen, vor allem das Vorrecht, schon jetzt in der Gemeinschaft mit ihm leben zu dürfen, die dann in der Ewigkeit ihre volle Erfüllung finden wird. Aber die Bibel spricht auch von der schrecklichen Möglichkeit, dass Kinder Gottes sich wieder von ihrem Herrn und Erlöser abwenden, ja sogar endgültig von ihm abfallen und dann doch wieder verloren gehen.

Zahlreiche ernsthafte Christen haben sich mit dieser Konsequenz nicht abfinden wollen und eine Lehre geschaffen, die diesen "Stein des Anstoßes" umgeht. Dies ist die Lehre von der Unverlierbarkeit des Heils, wonach ein wahrhafter Christ unter keinen Umständen verloren gehen könne, und die hierfür vorgebrachten theologischen Begründungen, wie z.B. die Prädestinationslehre (lat. praedestinatio = Vorherbestimmung).

Auch wenn mir bewusst ist, dass all unsere Erkenntnis nur Stückwerk ist (1. Kor 13,9), so habe ich mich doch veranlasst gesehen, anhand einer eingehenden Untersuchung der für und gegen diese Lehre sprechenden Bibelstellen aufzuzeigen, dass es sich bei dieser Lehre um eine falsche

Sicherheit handelt, die der biblischen Wahrheit nicht gerecht wird. Auf der anderen Seite darf die berechtigte und notwendige Auseinandersetzung um diese Fragen kein Grund sein, dass sich Geschwister im Herrn zerstreiten.

Um so wichtiger ist die Mahnung des Apostels Johannes in Offb 2,7: "Wer überwindet, dem will ich zu essen geben von dem Baum des Lebens, der im Paradies Gottes ist".

Bibelzitate sind, soweit nichts anderes angegeben, der Luther-Übersetzung (LÜ) 1984 in der Schreibweise der neuen Rechtschreibung entnommen.

Köln, im Frühjahr 2008

1. Die Grundaussagen der Lehre von der Unverlierbarkeit des Heils und ihre biblische Bewertung

Einig sind sich die Anhänger dieser Lehre und ihre Gegner darin, dass mit „Christen“ nur wahre Christen gemeint sind und keine Namenschristen[1] und dass wahre Christen nur diejenigen sind, die durch Bekehrung und Wiedergeburt Kinder Gottes geworden sind (vgl. z.B. Joh 3,3.5.7.; 1. Thess 1,9; 1. Petr 1,3.23).

Diese Lehre besagt, dass ein Christ sich unter keinen Umständen wieder von Christus abwenden und so seines Heiles in Christus verlustig gehen könne, sondern das Ziel des Himmelreichs mit absoluter Sicherheit erreichen werde. Nicht nur äußere Umstände wie Krankheit, Not, Verfolgung oder geistliche Verführung seien außerstande, ihn von der Gnade und der Erlösung in Jesus Christus zu trennen, sondern auch durch sein eigenes Verhalten könne er sein Heil niemals verlieren. Diese Lehre von der Unverlierbarkeit des Heils existiert auf der Grundlage zweier großer theologischer Systeme, nämlich des Calvinismus (zurückgehend auf den Reformator Johannes Calvin) und des Dispensationalismus (Heilszeitalterlehre; Hauptbegründer und -vertreter: John Nelson Darby und C. I. Scofield). Sie wird dementsprechend teilweise unterschiedlich begründet und diese beiden Sy-

1 Namenschristen sind Menschen, die ebenfalls von sich behaupten, Christen zu sein und zumeist einer christlichen Kirche oder Freikirche angehören. Sie weisen unter Umständen einige Merkmale wahrer Christen auf, sind aber im Gegensatz zu diesen nicht wiedergeboren.

steme gelangen in manchen Punkten zu unterschiedlichen Ergebnissen, etwa in der Frage, ob es möglich ist, ob ein Christ vom Glauben abfallen oder dauerhaft in Sünde fallen kann. Sie sind sich jedoch im Ergebnis der absoluten Unverlierbarkeit des Heils einig. Diese Lehre beruft sich auf eine Anzahl von Bibelstellen und auf Argumente, die auf ihrem Gottes- und Menschenbild sowie auf ihrem Verständnis von Erwählung und Erlösung beruhen. Als erstes sollen diese Argumente hier eingehend dargestellt und einer biblisch begründeten Bewertung unterzogen werden:

a) Unwiderrufliche Erwählung

Für die calvinistische Begründung der Unverlierbarkeit des Heils ist Ausgangspunkt die Überzeugung, dass Gott aus der Gesamtheit der Menschen aufgrund seiner freien Gnade einen Teil von ihnen zum Heil erwählt und vorherbestimmt habe. Die übrigen Menschen seien entweder aufgrund eines entsprechenden Ratschlusses Gottes zur Verdammnis vorherbestimmt (so die Lehre von der doppelten Prädestination)[2] oder sie seien von Gott in ihrem Zustand der Verlorenheit belassen und beiseitegesetzt (so die Lehre von der einfachen Prädestination).[3] Die Erwählung der zum Heil Vorherbestimmten erfolge ohne jede Berücksichtigung irgendeiner vorhandenen oder vorausgesehenen Eigenschaft der Erwählten. Die zum Heil

2 In diesem Sinne etwa Johannes Calvin, z.B. in: Verteidigung der Erwählungslehre (1552).

3 In diesem Sinne etwa Wolfgang Nestvogel, Erwählung und/oder Bekehrung?, 2002, S.236 ff.; 294 ff.; Brockhaus-Lexikon zur Bibel, Bd. III, 1987, S.287; ebenso u.a. das Westminster-Bekenntnis der englischen Dissenters von 1647.

Vorherbestimmten würden von Gott aufgrund unwiderstehlichen Einwirkens bzw. unwiderstehlicher Gnade zum Glauben gebracht. Diese Erwählung sei unwiderruflich, sodass sie von Gott niemals mehr rückgängig gemacht werde.

Da der Mensch aufgrund des Sündenfalls Adams und Evas völlig verderbt, geistlich tot, am Verstand verfinstert und unter die Sünde versklavt sei, könne er nichts tun, was geeignet sei, die Trennung von Gott zu überwinden und zu einem Kind Gottes zu werden. Auch auf ein bloßes „Angebot" der Gnade Gottes hin sei der Mensch nicht imstande, mit einer zur Annahme der Gnade führenden Willensentscheidung zu antworten. Dies zu bewirken sei nur Gott aufgrund seiner Allmacht und Souveränität in der Lage. Gäbe es eine wie immer geartete menschliche Mitwirkung bei der Zueignung des Heils, so wäre Gottes Gnade keine freie Gnade mehr.

So wie Gott mittels seiner unwiderstehlichen Gnade bewirke, dass jeder Erwählte zum Glauben und zur Bekehrung und Wiedergeburt gelange, so bewirke er in gleicher Weise, dass die Erwählten bis ans Ende ihres Lebens Jesus treu bleiben. Wäre hier irgendeine menschliche Mitwirkung erforderlich, so würde aufgrund seiner sündhaften Natur kein Mensch dieses Ziel des Treubleibens und damit das Himmelreich erreichen.[4] Trotz der unwiderstehlichen Heiligungsgnade mag es zwar

4 Vgl. z.B. Betanien Newsletter Nr. 56 vom 05.04.2007, Was bedeutet Sola Gratia?: "Wenn das Bleiben nur zu einem kleinsten Teil am Menschen liegen würde, könnte niemand definitiv gerettet sein und bleiben".

vorkommen, dass ein Erwählter in Sünde fällt und sich von Gott abwendet, aber wenn er tatsächlich zu den Erwählten gehört, so werde er spätestens am Ende seines Lebens von Gott zurechtgebracht werden, sodass er Buße tun und wieder zu Jesus Christus zurückkehren werde. Dementsprechend sei es ausgeschlossen, dass ein wahrer Christ die Sünde des Abfalls vom Glauben oder eine andere unvergebbare Sünde begehen werde. Wer vom Glauben abfällt oder sich dauerhaft von Gott abwendet, sei niemals wahrer Christ gewesen und habe von vornherein nicht zu den Erwählten gehört. Aufgrund des Erwählungsratschlusses Gottes und der damit verbundenen unwiderstehlichen Bekehrungs- und Heiligungsgnade sei es folglich unmöglich, dass ein Christ sich wieder von Christus abwendet und so seines Heils in Christus verlustig geht.

Bewertung: Gegen dieses Verständnis von Erwählung, Rechtfertigung und Heiligung, wie es den Prädestinationslehren zugrunde liegt, wäre einzuwenden, dass es dem Zeugnis der Bibel und dem Wesen Gottes widerspricht. Gott will diejenigen, mit denen er ewige Gemeinschaft haben will, nicht aufgrund einer unwiderstehlichen Vorherbestimmung zu sich ziehen, sondern er erwartet deren freiwillige Zuwendung. Zwar ist der unbekehrte Mensch geistlich tot, jedoch zu einer solchen Entscheidung fähig, wenn und solange Gott ihn erweckt. Gott zieht die Erweckten zwar zu sich, aber er zwingt sie nicht. Gottes Gnade ist nicht unwiderstehlich. Der Mensch im Zustand der Erweckung hat die Freiheit, Gottes Gnadenangebot anzunehmen oder abzulehnen. Dies wird später anhand entsprechender Bibelstellen begründet werden (dazu näher unter 3).

Zwar wird das Treubleiben nicht aus eigener menschlicher Kraft bewirkt, sondern durch Gottes Gnade, doch ist auch diese nicht unwiderstehlich, sodass der Gläubige die Möglichkeit besitzt, in Sünde zu fallen und sich wieder von Gott abzuwenden und in dieser Haltung bis zum Ende zu verbleiben. Da die Bibel ferner aussagt, dass das Treubleiben der Gläubigen bis zum Ende entscheidende Bedingung für den Eingang in das Himmelreich ist, bedeutet dies, dass Christen, die sich im Laufe ihres Lebens wieder von Jesus Christus abwenden oder an Sünde festhalten, wieder verloren gehen. „Achtung: Erwählung ist eine ganz entscheidende Etappe zum ewigen Ziel, aber die Erwählung ist nicht schon Vollendung".[5] Auch geht aus zahlreichen Bibelstellen eindeutig hervor, dass wahre Christen wieder verloren gehen können (dazu näher unter 5). Der in der Gemeinschaft mit Gott stehende Gläubige hat volle Heilsgewissheit, aber keine Heilssicherheit in dem Sinne, dass es für ihn unmöglich wäre, sich wieder von Jesus Christus loszusagen und dadurch das Heil zu verlieren.

5 Erich Mauerhofer, Kann ein Kind Gottes das Heil wieder verlieren?, FUNDAMENTUM 01/88, S.34 ff.; 38.

b) Unwiderrufliche Gotteskindschaft

Seitens des Dispensationalismus wird das Hauptgewicht dieser Lehre weniger auf eine angeblich unwiderstehliche Gnade und Erwählung gelegt, sondern vor allem darauf, dass ein wahrer Christ Kind und Eigentum Gottes sei und dies unter allen Umständen auch bleibe.

Als erstes Argument wird vorgebracht, dass Christen Kinder Gottes seien und Gott ihr Vater sei. Diese Eigenschaft als Kinder Gottes und ihre damit verbundene Gnaden- und Erbenstellung sei durch nichts rückgängig zu machen, auch nicht durch deren Sünde, so wie eine Stellung eines Menschen als leibliches Kind eines Vaters durch nichts rückgängig gemacht werden könne: „Findet sich im NT auch nur der geringste Hinweis, daß der Gläubige ein Kind Gottes auf Bewährung sei? Wäre das denkbar, müßten wir weiterfragen: Können wir aus Gott geboren, dann wieder entboren werden...?“[6] Es sei zwar möglich, dass wahre Christen dauerhaft in Sünde fallen oder sich sogar generell von Gott abwenden und bis zum Ende ihres Lebens keine Buße tun. Dies habe aber, da sie Kinder Gottes blieben, nicht zur Folge, dass sie wieder verloren gehen und verdammt würden, sondern nur, dass sie die Freude am Glauben verlieren, unter die Züchtigung Gottes kämen, ihren Lohn im Himmel verlieren und von Gott im Preisgericht getadelt und vor den Engeln und den anderen Gläubigen beschämt würden.[7]

6 Benedikt Peters, Wo hört die Gnade Gottes auf?, Erscheinungsjahr?, S.61.

7 In diesem Sinne etwa Peters aaO; Klaus Ritter (Hrsg.), Kann ein Christ verlorengehen?, 1986, S.33 f.; Adrian Halloway, Der Schock deines Lebens, dt. 2002, S.54-91.

Bewertung: Es trifft zwar zu, dass die Kindschaftsstellung der Christen ihrer Natur nach unwiderruflich ist. Jedoch lässt sich daraus nicht ableiten, dass Kinder Gottes, die sich dauerhaft von ihrem Vater abwenden, in Ewigkeit Anteil an den Rechten haben, die sich aus dieser Stellung ergeben. Schon im weltlichen Recht ist es möglich und geschieht häufig, dass Kinder, die sich von ihren Eltern abwenden oder sich mit ihnen zerstreiten, enterbt werden. Auch die Bibel sagt, dass es nichts nützt, sich lediglich darauf zu berufen, dass man (sei es als Jude im Alten Bund oder als Christ im Neuen Bund) zu den Kindern Gottes gehört, denn Gott sagt, dass man den Anteil an den damit verbundenen Verheißungen in der Ewigkeit nur dann haben wird, wenn man entsprechend dieser Kindschaftsstellung lebt und Gott treu bleibt (vgl. z.B. Mt 3,7-10; Röm 2,28 f.; 8,13). Selbst der reiche Mann im Totenreich, der zwar Jude, aber dennoch ewig verloren war, wird von Abraham mit „Kind" (so die Revidierte Elberfelder Bibel) bzw. mit „Sohn" (LÜ) angeredet (Lk 16,25). Es verhält sich nicht so, als ob der Christ ohne Rücksicht auf sein Tun oder Lassen sein ewiges Ziel in jedem Fall erreichen würde.[8]

c) Weitere Argumente

- Ferner wird diese Ansicht damit begründet, dass die Christen durch den Heiligen Geist als Eigentum Gottes versiegelt seien (vgl. z.B. Joh 6,27; Eph 1,13; 4,30); dieses Siegel könne nie-

8 Mauerhofer aaO, S.40.

mand brechen und die dadurch beglaubigte Zugehörigkeit zu Gott wieder aufheben. Auch habe Gott die Zusage gegeben, dass der Heilige Geist für immer in dem Gläubigen wohnen würde (Joh 14,16).

Bewertung: Es trifft zwar zu, dass niemand von außen das Siegel, mit dem der Heilige Geist verglichen wird, brechen und auf diese Weise die Zugehörigkeit des Gläubigen zu Gott oder deren Beglaubigung aufheben könnte. Dies schließt jedoch nicht aus, dass der Gläubige sich durch sein eigenes Verhalten von Gott trennt, sodass der in dem Gläubigen wohnende Heilige Geist nicht mehr dessen Zugehörigkeit zu Gott besiegelt oder dass er ihn sogar verlässt.

Die göttliche Versiegelung mit dem Heiligen Geist bedeutet Schutz, Eigentumskennzeichnung und Garantie für *den Glaubenden.* Versiegelung ist (u.a.) ein Bild für die Bewahrung, und daher für die Sicherheit des Glaubenden. Gott bewahrt, was ihm gehört. Bewahrung ist aber auch davon abhängig, dass man in dem Bereich der Bewahrung bleibt. Wer zum Kreuz gekommen ist, muss sich auch sein weiteres Leben lang beim Kreuz aufhalten. Denn nur dort ist Heil und Bewahrung vor dem Zorngericht. Würde ein Christ Christus verwerfen, so könnte die göttliche Bewahrung nicht stattfinden. Bewahrt werden kann nur, wer sich bewahren lässt. Die Bewahrung findet nur „in Christus" statt. Wer sich außerhalb von Christus begibt, begibt sich aus dem Raum der Bewahrung.

Außerhalb von Christus gibt es nur Verdammnis (vgl. Röm 8,1). Wer sich von Gott abwendet, indem er sich von Christus abwendet, kehrt sich auch vom Heiligen Geist ab, d.h. er verwirft bewusst das bewahrende Siegel. Wer den Glauben an die Person Jesus Christus aufgibt, gibt auch die Person des Heiligen Geistes auf – und damit das Siegel Gottes. Folglich ist er nicht mehr versiegelt „auf den Tag der Erlösung hin“.

- Gott verbürge sich für die Erfüllung der den Gläubigen gegebenen Verheißung der ewigen Gemeinschaft auch dadurch, dass er ihnen den Heiligen Geist als Unterpfand gegeben hat (2. Kor 1,22; Eph 1,14). Daraus wird gefolgert, dass Gott diese Verheißung in jedem Fall erfüllen wird; dies wiederum bedeute, dass das Heil unverlierbar sei.

Bewertung: Ein Unterpfand wurde in früherer Zeit vom Schuldner dem Gläubiger gleichsam als Anzahlung oder als Sicherheit für eine noch zu erfüllende Forderung gegeben. Dies bedeutete jedoch nicht unbedingt, dass diese Forderung bleibenden Bestand hatte. Der Anspruch des Gläubigers an den Schuldner konnte im Laufe der Zeit aus verschiedenen Gründen wegfallen. In einem solchen Fall folgte der Hingabe des Unterpfandes nicht die Begleichung der restlichen Forderung, sondern im Gegenteil verlangte dann der Schuldner das Unterpfand von seinem (ehemaligen) Gläubiger zurück.. Übertragen auf das Wesen des Heiligen Geistes als Unterpfand der auf den Himmel bezogenen Verheißungen Gottes[9] bedeutet dies, dass mit der Hingabe dieses Unterpfandes keineswegs ausgeschlossen ist, dass der Gläubige seinen Gnadenstand in Jesus Christus durch eigenes Verschulden wieder verliert, sodass ihm diese Verheißungen nicht zuteil werden und Gott seinen Heiligen Geist wieder von dem Gläubigen nimmt.

- Jesus Christus habe für die Gläubigen die Strafe durch seinen Tod am Kreuz stellvertretend getragen; wenn ein Christ wieder verloren ginge, so würde dies bedeuten, dass er die Strafe wieder selbst tragen müsste. Es sei aber unmöglich, dass Gott die Sünden eines Menschen zweimal bestrafe.

Bewertung: Hierzu wäre zu sagen, dass die stellvertretende Sühne Jesu Christi dem Menschen nur dann zugute kommt, wenn er sie in Glauben und Buße für sich in Anspruch genommen hat. Dies hat jeder Christ zwar zunächst getan. Wenn er sich aber wieder von Jesus Christus loslöst oder abwendet, kommt ihm dessen stellvertretende Sühne nicht mehr zugute, sodass er für seine Sünden, für die er nun keine Vergebung mehr hat, die Strafe selbst tragen muss. Dies wird besonders deutlich in dem Gleichnis von dem Schalksknecht in Mt 18,21-35, dem seine unermesslich große Schuld zunächst erlassen worden war und er sie dann doch wieder zurückzahlen

9 Wobei man selbstverständlich den Christen nicht als "Gläubiger" und Gott nicht als "Schuldner" bezeichnen kann, da Gott seine Gnade und den Zugang zum Himmelreich niemandem schuldet.

musste, nachdem er sich die Gnade seines Königs durch sein unbarmherziges Verhalten wieder verscherzt hatte. Dies hat nichts damit zu tun, dass Gott einen Menschen „zweimal bestraft“.

2. Für die Prädestinationslehren geltend gemachte Bibelstellen und ihre biblische Bewertung

Die Lehre von der Unverlierbarkeit des Heils beruft sich auf zahlreiche Bibelstellen, aus denen ihrer Ansicht nach hervorgeht, dass ein wahrer Christ nicht mehr verloren gehen kann. Die wichtigsten dieser Stellen und ihre Auslegung durch die Vertreter dieser Lehre sollen hier dargestellt werden. Im Anschluss daran soll diese Auslegung einer biblisch begründeten Kritik unterzogen werden.

Als erstes sollen diejenigen Stellen untersucht werden, mit denen die Prädestinationslehren begründet werden, auf die nach calvinistischer Auffassung die Lehre von der Unverlierbarkeit des Heils gestützt wird:

a) **Jes 29,16:**
„Wie kehrt ihr alles um! Als ob der Ton dem Töpfer gleich wäre, dass das Werk spräche von seinem Meister: Er hat mich nicht gemacht! Und ein Bildwerk spräche von seinem Bildner: Er versteht nichts!".

Diese Stelle wird von calvinistischer Seite so ausgelegt, dass damit gesagt werde, dass Gott als Schöpfer über absolute Macht verfügt und aufgrund dieser Macht auch das Recht habe, mit den Menschen so zu verfahren wie ein Töpfer mit seinem Ton und von dieser Macht und diesem Recht auch Gebrauch mache. So wie ein Töpfer verschiedenartige Gefäße herstelle (solche, die gemäß Röm 9,21 zu „ehrenvollem Gebrauch“ vorherbestimmt sind, und solche, die zu „nicht ehrenvollem Gebrauch“ bestimmt sind), so erschaffe Gott Menschen, die zur Seligkeit bestimmt sind und solche, die zur Verdammnis bestimmt sind (bzw. denen er seine Gnade nicht zuwendet und die er in ihrer Verlorenheit belässt). Dies bedeute hinsichtlich der Gnadenwahl, dass Gott entsprechend den Prädestinationslehren handle.

Bewertung: Jesaja will mit diesem Vers nicht sagen, dass Gott einzelne Menschen willkürlich zum Heil vorherbestimmt und andere zur Verdammnis, sondern er will damit nur das falsche Gottesbild der Mächtigen seiner Zeit richtigstellen, die meinten, über Gott verfügen und sich in Religion, Politik und Geschäftsleben über seine Lehren und Gebote hinwegsetzen zu können und die dabei vergaßen, dass sie sich in seiner Hand befanden wie ein Tongefäß in den Händen des Töpfers.[10]

b) Jes 45,9:

„Weh dem, der mit seinem Schöpfer hadert, eine Scherbe unter irdenen Scherben! Spricht denn der Ton zu seinem Töpfer: Was machst du?, und sein Werk: Du hast keine Hände!“

Auch aus dieser Stelle leiten die Anhänger der Prädestinationslehren – v.a. in Verbindung mit

10 Vgl. dazu näher Dieter Schneider, Der Prophet Jesaja, Kapitel 1-39, Wuppertaler Studienbibel, 3. Aufl. 1997, S.403.

Röm 9,11-23 – her, dass Gott die Macht und das Recht habe, mit den Menschen verfahren zu können wie ein Töpfer mit einem Tonklumpen. Dies ergebe sich aus der Stellung Gottes als allmächtiger Schöpfer. Dies schließe das Recht ein, einige Menschen zur Seligkeit zu erwählen und andere zur Verdammnis oder einen Teil der Menschen in ihrer Verlorenheit zu belassen. Gott handle entsprechend dieser Macht und diesem Recht. Der Mensch habe kein Recht, dies zu leugnen oder dieses Handeln Gottes als willkürlich oder ungerecht zu bezeichnen.

Bewertung: Mit dieser Aussage will Jesaja dem Menschen nur das Recht bestreiten, mit Gott als seinem Schöpfer und mit den Wegen, die er die Menschen führt, zu hadern. In seiner konkreten Anrede wandte sich Jesaja an Israel, das die Strafgerichte Gottes, die dieser wegen der Sünden des Volkes verhängen würde, nicht akzeptieren wollte. Auch diese Stelle hat mit der Erwählungslehre und mit dem hier behandelten Fragenkreis nichts zu tun. Sie wird zwar ihrem Inhalt nach von Paulus im Kontext seiner Aussagen über Erwählung in Röm 9,20-21 wieder aufgegriffen, aber auch durch diese Textstelle lassen sich die Prädestinationslehren nicht begründen (vgl. dazu näher unter **2 d + e**).

c) **Joh 6,44:**
„Es kann niemand zu mir kommen, es sei denn, ihn ziehe der Vater, der mich gesandt hat, und ich werde ihn auferwecken am Jüngsten Tage“.

Dieses „Ziehen“ wird von den Anhängern der Prädestinationslehren im Sinne einer unwiderstehlichen Vorherbestimmung und einer unwiderstehlichen Gnade verstanden, mit der Gott die Erwählten unfehlbar zu sich ziehe.[11]

Bewertung: Wie schon festgestellt wurde, kann kein Mensch zu Gott kommen, wann immer er will. Dies ist ihm nur dann möglich, wenn Gott ihn erweckt und ihn durch sein erweckendes Handeln zu sich zieht. Dieses „Ziehen“ geht jedoch nicht so weit, dass der Mensch dem nicht widerstehen könnte. „Aber dieses ´Ziehen` ist nicht ein mechanischer Zug, dem der Mensch willenlos folgen müßte. Unser Wille ist aufgerufen, dem ´Ziehen Gottes` zu gehorchen.“[12] Es verhält sich bei diesem Ziehen wohl in ähnlicher Weise wie bei dem „Nötigen“ in Lk 14,23 („Geh hinaus auf die Landstraßen und an die Zäune und nötige sie hereinzukommen, dass mein Haus voll werde“). Mit diesem „Nötigen“ ist wohl eine ernstliche und dringliche Einladung, ein intensives Zureden gemeint, aber nicht die Ausübung von Zwang oder eine unwiderstehliche Beeinflussung. Der Wille derer, die sich trotz dieses „Nötigens“ nicht zu der Hochzeit einladen lassen, wird von dem Gastgeber respektiert.

d) Röm 8,28-30:

„Wir wissen aber, dass denen, die Gott lieben, alle Dinge zum Besten dienen, denen,

11 So z.B. Nestvogel aaO, S.255 f..

12 Werner de Boor, Das Evangelium des Johannes, Wuppertaler Studienbibel, Sonderausgabe, 1989, S.206 f.

> die nach seinem Ratschluss berufen sind. Denn die er ausersehen hat, die hat er auch vorherbestimmt, dass sie gleich sein sollten dem Bild seines Sohnes, damit dieser der Erstgeborene sei unter vielen Brüdern. Die er aber vorherbestimmt hat, die hat er auch berufen; die er aber berufen hat, die hat er auch gerecht gemacht, die er aber gerecht gemacht hat, die hat er auch verherrlicht".

Diese Bibelstelle wird von den Anhängern der Prädestinationslehren so interpretiert, dass Paulus darin von einer Vorherbestimmung der Gläubigen im Sinne dieser Lehren spreche und des Weiteren davon, dass diese Vorherbestimmung zwangsläufig von der Berufung über die Gerechtmachung zur ewigen Verherrlichung führe. Das im Urtext verwendete und in der LÜ mit „ausersehen" übersetzte Wort „proginosko" bedeute kein bloßes Vorauswissen Gottes darüber, wer zu ihm kommen wird, sondern eine Vorherbestimmung der Gläubigen durch Gott.[13]

Bewertung: Die Kritik muss hier insbesondere an der Übersetzung des Urtextwortes „proginosko" mit „ausersehen" oder „vorherbestimmen" ansetzen. „proginoskein" kann nicht „vorherbestimmen" bedeuten; hierfür müsste „proorizein" verwendet werden[14] Zwar kann „proginoskein" mehr bedeuten als als ein bloßes Vorauswissen, nämlich ein „Zuvor-Kennen". Bezieht man diese

13 So z.B. Nestvogel aaO, S.20 f.; Thomas Schirrmacher, Der Römerbrief, Bd. 2, 2. Aufl. 2001, S.72 ff.

14 Anderer Meinung ist demgegenüber Nestvogel aaO.

mögliche Bedeutung mit ein, so würde dies bedeuten, dass Gott aufgrund seines Vorauswissens mit jedem Menschen, von dem er voraussieht, dass er zu ihm kommen wird, bereits von Anfang an eine innere Beziehung hätte.

Selbst wenn ein Verständnis von „proginoskein" als „vorherbestimmen" sprachlich möglich wäre, so hätte an dieser Textstelle diese Deutung zur Konsequenz, dass dann zweimal hintereinander der gleiche Gedanke der Vorherbestimmung zur Errettung ausgesprochen würde (die er „vorherbestimmt" [bzw. LÜ „ausersehen"] hat, die hat er auch vorherbestimmt, dass sie gleich sein sollten dem Bild seines Sohnes), während die Deutung von „proginosko" als „vorauserkannt" zum Ausdruck zweier unterschiedlicher Gedanken führt, nämlich: „Die, die Gott im Voraus erkannt hat, die hat er auch vorherbestimmt", d.h. diejenigen, von denen Gott voraussah, dass sie sich bekehren würden, die hat er zur Errettung und zur Heiligung erwählt. Dann aber lässt sich aus der Textstelle nichts für die Prädestinationslehren herleiten, sondern im Gegenteil für die hier vertretene Auffassung.

e) **Röm 9,11-23:**
„Ehe die Kinder (Esau und Jakob; Th.Z.) geboren wurden und weder Gutes noch Böses getan hatten, da wurde, damit der Ratschluss Gottes bestehen bliebe und seine freie Wahl – nicht aus Verdienst der Werke, sondern durch die Gnade des Berufenden

– zu ihr (Rebekka; Th.Z.) gesagt: ´Der Ältere soll dienstbar werden dem Jüngeren`, wie geschrieben steht: ´Jakob habe ich geliebt, aber Esau habe ich gehasst`. Was sollen wir nun hierzu sagen? Ist denn Gott ungerecht? Das sei ferne! Denn er spricht zu Mose: ´Wem ich gnädig bin, dem bin ich gnädig; und wessen ich mich erbarme, dessen erbarme ich mich.` So liegt es nun nicht an jemandes Wollen oder Laufen, sondern an Gottes Erbarmen. Denn die Schrift sagt zum Pharao: ´Eben dazu habe ich dich erweckt, damit ich an dir meine Macht erweise und damit mein Name auf der ganzen Erde verkündigt werde`. So erbarmt er sich nun, wessen er will, und verstockt, wen er will. Nun sagst du zu mir: Warum beschuldigt er uns dann noch? Wer kann seinem Willen widerstehen? Ja, lieber Mensch, wer bist du denn, dass du mit Gott rechten willst? Spricht auch ein Werk zu seinem Meister: Warum machst du mich so? Hat nicht ein Töpfer Macht über den Ton, aus demselben Klumpen ein Gefäß zu ehrenvollem und ein anderes zu nicht ehrenvollem Gebrauch zu machen? Da Gott seinen Zorn erzeigen und seine Macht kundtun wollte, hat er mit großer Geduld ertragen die Gefäße des Zorns, die zum Verderben bestimmt waren, damit er den Reichtum seiner Herrlichkeit kundtue an den Gefäßen der Barmherzigkeit, die er zuvor bereitet hatte zur Herrlichkeit“.

Anhand dieses Abschnitts begründen die Anhänger der Prädestinationslehren ihre Auffassung gleich in mehrfacher Hinsicht: Als erstes Argument wird Gottes Einstellung zu Esau und Jakob und die Tatsache, dass Gott Jakob und nicht Esau dazu bestimmte, Stammvater Israels zu werden, herangezogen. Gott habe Jakob geliebt und Esau gehasst und eine Auswahl getroffen, und zwar „noch bevor die Kinder geboren waren und weder Gutes noch Böses getan hatten", also ohne Rücksicht auf deren (bereits geschehenes oder vorausgesehenes) Verhalten. Vers 15 wird in dem Sinne aufgefasst, dass Gott das Recht habe, hinsichtlich der Erweisung seiner Gnade willkürlich zu handeln und dass er auch tatsächlich dementsprechend handle. Die Errettung eines Menschen hänge letztlich von nichts anderem ab, als dass er zu denen gehöre, die Gott zum Heil vorherbestimmt hat und denen er seine Gnade zuwendet. Das Beispiel des Pharao (Vers 17) wird so gedeutet, dass Gott darüber hinaus sogar das Recht habe, Menschen zur Verdammnis und zum Erweis seines Zorns zu erschaffen und dies auch tue. Sowohl hinsichtlich Erbarmung und Gnadenzuwendung einerseits als auch hinsichtlich Verwerfung und Verstockung andererseits habe Gott ein Recht, willkürlich zu handeln und tue dies auch, ohne dass der Mensch ihm deshalb einen Vorwurf machen oder ihn der Ungerechtigkeit bezichtigen könnte. Dies wird aus Vers 14 sowie den Versen 19-21 gefolgert. Gott habe als Schöpfer die Macht und das Recht, mit den Menschen so umzugehen wie ein Töpfer mit seinem Ton, und zwar auch hinsichtlich der ewigen Vorherbestimmung zu Errettung oder Verdammnis. Sein Handeln an Menschen und dessen Vorherbestimmung zum Heil oder zur Verdammnis diene zu seiner Verherrlichung. Für die zum Heil Vorherbestimmten und aufgrund dessen gläubig Gewordenen sei es unmöglich, wieder verloren zu gehen, da sie nach Gottes souveränem Willen errettet werden und bleiben sollen und Gott diesen souveränen Willen auch unfehlbar durchsetze.

Bewertung: Eine nähere Untersuchung dieses Textabschnitts wird ergeben, dass sich dieses Ergebnis aus den darin enthaltenen Aussagen nicht herleiten lässt:

So bezieht sich Röm 9,13 nicht auf die ewige Verwerfung Esaus, sondern nur darauf, dass er – entgegen den Regeln der Erbfolge – nach dem Willen Gottes gegenüber seinem jüngeren Bruder zurückgesetzt werden sollte. Wenn es an dieser Stelle heißt, dass Gott Esau „gehasst" habe, so bedeutet dies ebenso wie in mehreren anderen Stellen des Neuen Testaments (Mt 6,24; Lk 14,26) keine gefühlsmäßige feindselige Haltung, sondern lediglich ein bloßes Zurücksetzen.[15] Auch aus den Versen 14 bis 23 und insbesondere aus den Versen 20 und 21 ergibt sich nur, dass Gott niemandem seine Gnade schuldet und dass er außerdem auch die Macht und das Recht besitzt, Menschen in willkürlicher Weise zu erwählen und zu verwerfen, nicht jedoch, dass er tatsächlich so handelt.

15 So auch Nestvogel aaO, S.39.

Tatsächlich handelt er, was dies betrifft, wie sich aus dem Gesamtzeugnis der Bibel ergibt, nach bestimmten anderen Grundsätzen: indem er diejenigen erwählt, die, nachdem sie von ihm angerufen und erweckt wurden, zu ihm kommen (vgl. Joh 6,37); indem er diejenigen verwirft, die nicht zu ihm kommen wollen (vgl. Mt 23,37); und indem er diejenigen verstockt, die auf sein Rufen mit feindseliger Ablehnung reagiert haben. Letzteres war ja auch beim Pharao Ursache seiner Verstockung.[16] Und auch Röm 9,16 besagt nur, dass das Heil des Menschen nicht durch sein Wollen oder Laufen (etwa durch religiöse Anstrengungen oder sonstige gute Werke) bewirkt wird, sondern allein durch Gottes Gnade und Barmherzigkeit. Die Möglichkeit und Notwendigkeit einer freien Willensentscheidung hinsichtlich der Annahme dieser Gnade wird mit dieser Feststellung nicht ausgeschlossen.

f) **Eph 1,4:**
„Denn in ihm (in Jesus Christus; Th.Z,.) hat er uns erwählt, ehe der Welt Grund gelegt war, dass wir heilig und untadelig vor ihm sein sollten…“

Auch dieser Vers wird im Sinne einer Erwählung und Vorherbestimmung der Gläubigen im Sinne der Prädestinationslehren gedeutet.

16 Dies wird man daraus herleiten können, dass Gott sein Herz erst dann verstockte (2. Mose 9,12.35; 10,20), nachdem er sein Herz selbst aus eigenem Entschluss verstockt hatte (2. Mose 7,13; 8,11.28).

Bewertung: Dieser Vers sagt nichts darüber aus, ob die dort genannte Erwählung auch einen Grund in einem (vorausgesehenen) Verhalten des Menschen hat oder ob sie aufgrund eines davon unabhängigen Erwählungsratschlusses Gottes erfolgte, sondern nur, dass der Vater der Erwählende ist, dass die Erwählung in Jesus Christus geschah und vor Grundlegung der Welt erfolgte und das Ziel der Erwählung ist, dass die Gläubigen heilig und tadellos seien vor ihm.

g) **Eph 2,8-10:**
„Denn aus Gnade seid ihr selig geworden durch Glauben, und das nicht aus euch: Gottes Gabe ist es, nicht aus Werken, damit sich nicht jemand rühme. Denn wir sind sein Werk, geschaffen in Christus Jesus zu guten Werken, die Gott zuvor bereitet hat, dass wir darin wandeln sollen".

Bewertung: Die Verse 8 und 9 sagen lediglich aus, dass die Gläubigen durch Gottes Gnade und nicht aufgrund ihrer eigenen Werke vor Gott gerecht werden, d.h. indem sie, obwohl sie aus sich heraus nicht gerecht sind, von Gott als gerecht angesehen werden. Es wird jedoch nicht gesagt, dass diese Gnade nur für die Erwählten bestimmt ist und für diese unwiderstehlich ist. Das Wort „das" in der Formulierung „und das nicht aus euch" (Vers 8) bezieht sich sprachlich nicht auf den Glauben, sondern auf das Gerettetsein.

Auch Vers 10 besagt nur, dass die guten Werke, die die Gläubigen tun, in Wirklichkeit durch Gott getan wurden, weil er sie zuvor bereitet hat. Aber auch dies bedeutet nicht, dass die Gläubigen nicht die Möglichkeit gehabt hätten, sich ihrer Mitwirkung bei der Ausführung dieser Werke zu entziehen. Dies wird bei unterlassenen guten Werken, die ein Christ nach dem Willen Gottes hätte tun sollen, besonders deutlich.

Die Untersuchung hat somit gezeigt, dass die genannten Bibelstellen nicht geeignet sind, die Prädestinationslehren zu stützen.

3. Bibelstellen, die die Prädestinationslehren widerlegen

Demgegenüber wäre eine Reihe von Bibelstellen anzuführen, in denen eindeutig von einer freien Entscheidung des Menschen für oder gegen Gott die Rede ist[17]:

a) **Mt 23,37:**
„Jerusalem, Jerusalem, die du tötest die Propheten und steinigst, die zu dir gesandt sind! Wie oft habe ich deine Kinder versammeln wollen, wie eine Henne ihre Küken versammelt unter ihre Flügel; und ihr habt nicht gewollt!"

Jesus nimmt hier Bezug auf die oftmaligen Mahnungen der Propheten in der Zeit des Alten Testaments an das Volk Israel und die Bewohner Jerusalems zur Umkehr. Vor allem aber nimmt er Bezug auf seine eigenen Mahnungen an das Volk Israel, mit denen er es dazu hatte bewegen wollen, ihn als Messias anzunehmen und ihm nachzufolgen. Er muss jedoch im Sinne einer Anklage feststellen, dass sie nicht gewollt haben. Das setzt voraus, dass sie diese Möglichkeit im Sinne einer freien Entscheidung gehabt hätten und ihnen dies nicht etwa aufgrund eines Ratschlusses Gottes unmöglich gewesen war.

17 Wobei jedoch immer die Einschränkung gemacht werden muss, dass eine solche Entscheidung nur dem *erweckten* Nichtgläubigen möglich ist. Der nicht erweckte Nichtgläubige ist in der Tat geistlich tot und kann keine Entscheidung für oder gegen Gott treffen.

Wenn hiergegen eingewandt wird, es gäbe zwei verschiedene Arten des Willens Gottes, nämlich den geoffenbarten und den verborgenen Willen, und Gott rufe mit seinem geoffenbarten Willen, wie Jesus ihn zu seinen Lebzeiten den Menschen gegenüber ausgesprochen hat und wie er in der Bibel enthalten ist, zur Umkehr, während er mit seinem verborgenen Willen nur einige der zur Umkehr Gerufenen zum Heil erwähle,[18] so würde dies dem Wesen Gottes, das in Wahrheit und Klarheit besteht, widersprechen (vgl. dazu auch unter 3 c).

b) Mk 1,15:

„ ...Die Zeit ist erfüllt und das Reich Gottes ist herbeigekommen! Tut Buße und glaubt an das Evangelium!".

Jesus ruft mit diesen Worten die Menschen in Israel zur Buße, d.h. zur Abkehr von ihrem bisherigen selbstbestimmten, von Sünde beherrschten und von Gott getrennten Leben und zum Glauben an ihn, Jesus Christus, als den Messias auf. Es ist offenkundig, dass diese Menschen damit vor einer Entscheidung für oder gegen ihn, für Rettung oder Verlorenheit stehen und es kann keine Rede davon sein, dass ein Teil der Zuhörer aufgrund eines entsprechenden Ratschlusses Gottes nicht in der Lage wäre, Buße zu tun, Jesus Christus als Messias anzunehmen und dadurch das Heil zu erlangen. Ebenso wenig gab es unter den

18 In diesem Sinne z.B. Johannes Calvin, Institutio Christianae Religionis, 1536, dt. 5. Aufl. 1988, III 24, 17; Erwin Lutzer, Gefährliche Weichenstellung, dt. 1999, S.180 ff.

Angesprochenen solche, die aufgrund einer Vorherbestimmung zum Heil nicht anders gekonnt hätten, als die Botschaft anzunehmen.

c) **1. Tim 2,4:**
„ ...welcher (Gott; Th.Z.) will, dass allen Menschen geholfen werde und sie zur Erkenntnis der Wahrheit kommen".

Aus der eindeutigen Aussage dieses Verses ergibt sich, dass Gott einen universalen, d.h. auf alle Menschen bezogenen, Erlösungswillen hat und deshalb will, dass alle Menschen „zur Erkenntnis der Wahrheit" in Jesus gelangen und durch ihn errettet werden. Dies ist wohl die zentralste Stelle der Bibel, die den Prädestinationslehren entgegensteht, denen zufolge sich Gottes Erlösungswille nur auf die zum Heil Vorherbestimmten erstreckt.

Dementsprechend sind von deren Anhängern verschiedene Versuche unternommen worden, diese Stelle in ihrem Sinne zu deuten:

Einer Ansicht zufolge bedeute dieser Vers schon von seinem Inhalt her gar nicht, dass nach dem Willen Gottes „alle" Menschen errettet werden sollen. Gemeint seien vielmehr Menschen „aller Art". D.h. Gottes Rettungswille ziele auf (nur) auf einen Teil der Menschen aus allen Völkern und sozialen Schichten.[19] Hiergegen spricht jedoch entscheidend der Wortlaut dieser Textstelle, der

19 Vgl. in diesem Sinne z.B. Calvin, Institutio aaO, III 24,16.

eben von einem solchen auf „alle" gerichteten Errettungswillen Gottes spricht. Die Tatsache, dass Gottes Errettungswillen längst nicht bei allen Menschen zum Ziel gelangt, sondern nur bei einer kleinen Minderheit (vgl. Mt 7,14. 21; Lk 12,32) ändert daran nichts, da Gott seinen Errettungswillen nicht mit seiner Allmacht durchsetzt, sondern zulässt, dass Menschen sich seinem Errettungswillen widersetzen.

Nach anderer Ansicht wolle Gott zwar alle Menschen erretten, aber nur unter der Bedingung, dass sie glauben und sich zu Jesus Christus bekehren. Dies aber sei nur den Erwählten möglich, weil nur diese die entsprechende Gnade von Gott erhielten. Nach dieser Ansicht beschränkt sich der Errettungswille Gottes faktisch wieder auf die Erwählten.[20] Dieser Auslegung wäre entgegenzuhalten, dass nicht nur die Erwählten die Möglichkeit gehabt hätten, sich zu Jesus Christus zu bekehren, sondern jeder, der das Wort gehört hat und von Gott erweckt wurde. Außerdem würde der universale Errettungswille nach dieser Auslegung von vornherein durchkreuzt und ad absurdum geführt werden.

Schließlich wird – wie auch bereits in der Auseinandersetzung um den freien Willen – die Ansicht vertreten, der in der Textstelle zum Ausdruck gebrachte allgemeine Errettungswille Gottes werde überlagert und faktisch aufgehoben durch einen

20 In diesem Sinne der calvinistische Theologe Moyse Amyraut (17. Jhd.); vgl. dazu näher Robert Seeberg, Dogmengeschichte, Bd. IV, 2. und 3. Aufl. 1923, S.700-705.

speziellen Erwählungswillen, der nur auf die Erwählten abziele. Begründet wird dies damit, es handele sich bei 1. Tim 2,4 um den in der Bibel „geoffenbarten Willen Gottes". Dieser besage, dass Gott die Errettung aller Menschen wolle. Daneben aber existiere ein „verborgener Wille" Gottes, der nur die Errettung der Erwählten wolle.[21] Dem wäre entgegenzuhalten, dass Gott zwar nicht alle seine konkreten Pläne und Absichten in seinem Wort offenbart. Es gibt jedoch keinen „verborgenen Willen" Gottes, der in direktem Widerspruch zu seinem in seinem Wort geoffenbarten Willen steht. Wäre dies der Fall, so wäre die Bibel keine verlässliche und letztgültige Offenbarung Gottes mehr.

d) Hebr 3,7-8:

„Darum, wie der Heilige Geist spricht: „Heute, wenn ihr seine Stimme hören werdet, so verstockt eure Herzen nicht, wie es geschah bei der Verbitterung am Tage der Versuchung in der Wüste..."

Der Schreiber des Hebräerbriefs ruft die von Abfall und Rückfall ins Judentum bedrohte Gemeinde zur Umkehr zur biblischen Nachfolge auf. Er setzt als selbstverständlich voraus, dass die Angesprochenen die Wahl haben, auf das Hören der Stimme Gottes hin eine entsprechende Entscheidung zu treffen. Zugleich weist er auf den Ernst hin, dass Gott nicht ständig zu ihnen redet und ihnen die Möglichkeit zur Entscheidung gibt, sondern dass dies an das „Heute" gebunden ist.

---

21 So Lutzer aaO, S.180 ff.

e) Weitere Bibelstellen

In diesem Sinne wäre noch eine Reihe weiterer Bibelstellen zu nennen, in denen Gott die angesprochenen Menschen vor eine freie und verantwortliche Entscheidung über Heil und Verdammnis, Glaube und Unglaube, Gehorsam oder Ungehorsam, Segen oder Fluch stellt. Es seien hier nur 5. Mose 28 und 2. Kor 5,20 ohne weitere Auslegung genannt.

Im Ergebnis lässt sich somit feststellen, dass die Prädestinationslehren keine biblische Stütze haben, sodass auch die Lehre von der Unverlierbarkeit des Heils nicht darauf gestützt werden kann.

4. Für die Unverlierbarkeit des Heils geltend gemachte Bibelstellen und ihre biblische Bewertung

Als nächstes sollen diejenigen Bibelstellen untersucht werden, die von Vertretern der Unverlierbarkeit des Heils oft angeführt werden:

a) **Joh 10,27-29:**
„Meine Schafe hören meine Stimme, und ich kenne sie und sie folgen mir; und ich gebe ihnen das ewige Leben, und sie werden nimmermehr umkommen, und niemand wird sie aus meiner Hand reißen. Mein Vater, der mir sie gegeben hat, ist größer als alles, und niemand kann sie aus meiner Hand reißen".

Aus dieser Aussage Jesu wird die Schlussfolgerung gezogen, dass es niemandem möglich sei, die Jünger Jesu von Jesus zu trennen. Nicht nur Mächten, Gewalten und Ereignissen von außen wie z.B. dem Teufel, Dämonen, anderen Menschen, Verfolgung, Verführung, Krankheit, Hunger und Not sei dies nicht möglich, sondern auch der Christ selbst könne sich durch sein eigenes Verhalten nicht von Jesus trennen. Dies wird wiederum je nach theologischem Hintergrund unterschiedlich begründet: Während der Calvinismus dies mit der unwiderruflichen Erwählung der Gläubigen zum Heil und der unwiderstehlichen Heiligungsgnade begründet, die es ausschließe, dass sich ein Christ dauerhaft von Jesus trennt, begründet dies der

Dispensationalismus damit, dass auch ein dauerhaftes Fallen in Sünde oder eine dauerhafte Abkehr von Gott nicht bewirke, dass Jesus die Hand seines Kindes loslasse, sodass dieses weiterhin in seiner Gnade stehe und das ewige Ziel erreichen werde.

Bewertung: Bei einer unvoreingenommenen Betrachtung dieser Bibelstelle wird man zu dem Ergebnis gelangen müssen, dass der Text dies nicht sagt. Jesus will damit nur sagen, dass er und der Vater die Macht haben, die Gläubigen zu bewahren und dass diese Macht so groß ist, dass keine Macht von außen imstande ist, sie von Gott zu trennen. Er sagt aber nicht, dass es für einen Christen selbst unmöglich wäre, sich aufgrund einer entsprechenden Willensentscheidung wieder von ihm zu trennen. So fragt er seine Jünger in Joh 6,67: „Wollt ihr auch weggehen?". Zugleich sagt er in seinem Wort, dass derjenige, der sich wieder von ihm trennt und lossagt, keinen Anteil an seinen Verheißungen mehr hat und wieder verloren geht (vgl. z.B. Mt 24,48-51; 25,1-13 [dazu näher unter **5 g**]). Schon der Wortlaut des Urtextes „nicht jemand kann sie aus der Hand Jesu rauben" spricht dafür, dass es sich um eine von außen angreifende Macht handelt, die versucht, die Christen von Jesus Christus „loszureißen". Jesus spricht hier von einer „Fremdeinwirkung". Es geht um ein Rauben. Und dieser „jemand" ist jemand anderer als der Hirte und das Schaf, d.h. er ist ein anderer als der Christ, denn der will ja bei Jesus bleiben, was in Joh 10 vorausgesetzt wird, denn die Schafe folgen Jesus. Niemand kann einen Christen, der Jesus nachfolgt, als sein Schaf von ihm wegreißen, weil Jesus ihn hält. Er hält ihn im Einklang mit seinem Willen, denn er glaubt ja an Jesus, folgt dem Hirten und vertraut sich ihm an. Jesu Schafe sind daher sicher vor jedem, der sie rauben will. Ihre Sicherheit ruht nicht in ihnen, sondern in eben der Person, welcher sie vertrauen. Diese Person ist eine sichere Festung. Würden sie sich aus dieser „Festung" herausbegeben, wären sie nicht mehr sicher und der Feind könnte sie wieder erfolgreich angreifen (vgl. 1. Petr 5,8).

Dieses Verständnis von Vers 29 wird bestätigt durch Vers 28: „und ich gebe ihnen das ewige Leben, und sie werden nimmermehr umkommen". Die Sicherheit des Schafes besteht in dem Ruhen in der Hand des Hirten. Das Heil des Christen besteht also in dieser Person, auf die er sich verlässt. Gläubige sind in Christus völlig sicher. In diesem Sinne ist das Heil und das ewige Leben absolut unverlierbar. Jedoch sagt der Textabschnitt nicht, dass ein Schaf nicht die Möglichkeit und den freien Willen hätte, sich selber aus der Hand des Hirten zu befreien und sich fortzubegeben.

b) **Röm 8,31-39:**

„Was wollen wir nun hierzu sagen? Ist Gott für uns, wer kann wider uns sein? Der auch seinen eigenen Sohn nicht verschont hat, sondern hat ihn für uns alle dahingegeben – wie sollte er uns mit ihm nicht alles schenken? Wer will die Auserwählten Gottes beschuldigen? Gott ist hier, der gerecht macht. Wer will verdammen? Christus Jesus ist hier, der gestorben ist, ja vielmehr, der auch auferweckt ist, der zur Rechten Gottes ist und uns vertritt. Wer will uns scheiden von der Liebe Christi? Trübsal oder Angst oder Verfolgung oder Hunger oder Blöße oder Gefahr oder Schwert?... Aber in dem allem überwinden wir weit durch den, der uns geliebt hat. Denn ich bin gewiss, dass weder Tod noch Leben, weder Engel noch Mächte noch Gewalten, weder gegenwärtiges und Zukünftiges, weder Hohes noch Tiefes noch eine andere Kreatur uns scheiden kann von der Liebe Gottes, die in Christus Jesus ist, unserem Herrn".

Aus diesem Textabschnitt wird von den Anhängern der Unverlierbarkeit des Heils zweierlei gefolgert:

Zum einen werde damit gesagt, dass Christus stets und unter allen Umständen für die Gläubigen sei, indem er sie gerechtspricht und ihnen ihre Sünden nicht zurechnet, da er für sie am Kreuz gestorben ist. Dies bewirke, dass niemand sie jemals verdammen könne, sodass sie niemals mehr verloren gehen können. Zum anderen werde – so wie dies auch bei Joh 10,27-29 angenommen wurde – damit gesagt, dass keine Macht der Welt imstande sei, die Gläubigen von Jesus Christus zu trennen, und zwar auch der Christ selbst nicht.

Bewertung: Es trifft zwar zu, dass niemand die Gläubigen anklagen und verdammen kann, wenn sie in Christus sind, d.h. wenn ihnen sein stellvertretendes Sühneleiden zugute kommt, sodass Gott ihnen ihre Sünden nicht mehr zurechnet. Aber dies setzt voraus, dass sie in der Beziehung der Liebe und des Glaubensgehorsams zu Jesus Christus stehen und sich nicht wieder durch Lauheit, festgehaltene Sünde oder gar durch Abfall von ihm losgelöst haben. Die Behauptung, wer einmal in diese Beziehung getreten sei, bleibe aufgrund unwiderstehlicher Gnade zwangsläufig beständig darin, sodass Jesus Christus immer „für ihn" sei und ihn gerechtspreche, ist eine Behauptung, die nicht mit dem Gesamtzeugnis der Bibel übereinstimmt. Das gleiche gilt für die Annahme, dass das Verhalten des Christen unter keinen Umständen Einfluss auf die Rechtfertigungsgnade haben könne. Eine Entgegnung darauf wird anhand der Bibelstellen dargelegt werden, die eindeutig davon sprechen, dass ein Christ wieder verloren gegen kann (s.u. **5 a-k**).

Für die Deutung von Röm 8,39, wonach nicht nur von außen wirkende Mächte und Gewalten den Christen nicht von seinem Herrn Jesus Christus trennen könnten, sondern auch er selbst nicht, gilt das Gleiche, was zu Joh 10,27-29 gesagt wurde (s.o. **4 a**).

c) **Röm 11,29:**
„Denn Gottes Gaben und Berufung können ihn nicht gereuen".

Diese Stelle wird so verstanden, dass die – als Vorherbestimmung zum Heil verstandene – Berufung, die Gott den Erwählten gegeben hat, Gott nicht gereuen könne, sodass er sie bei keinem Christen und unter keinen Umständen wieder zurücknehmen werde.

Bewertung: Mit dieser Aussage will Paulus nur die trotz der Verwerfung Jesu und der Ablehnung des Neuen Bundes fortbestehende besondere Stellung Israels in der Heilsgeschichte zum Ausdruck bringen. Diesc Aussage bedeutet jedoch im Hinblick auf die nicht an Jesus gläubigen Juden nicht, dass sie aufgrund der im Alten Testament geschlossenen Bünde Gottes mit Abraham und Mose und damit ohne Jesus Christus errettet wären (vgl. z.B. Röm 3,9-18; 9,1-5). Auch Juden sind im Zeitalter des Neuen Bundes nur dann errettet, wenn sie Jesus Christus als Messias und Herrn angenommen haben (vgl. z.B. Joh 14,6; Apg 4,12). Dass Gott seine dem Volk Israel gegebenen Gaben und Berufung nicht gereut hat, bedeutet vielmehr, dass es seine staatliche Souveränität zurückerlangen wird[22] und sie gegen seine äußeren Feinde behaupten wird. Es bedeutet ferner, dass Israel von seinen Feinden während der Gesamtdauer der Weltgeschichte nicht vernichtet wird, und vor allem, dass ihm die Verheißung zuteil wird, dass es sich in seiner Gesamtheit einmal zu Jesus Christus bekehren wird (Röm 11,25-26).[23]

22 Was 1948 mit der Staatsgründung Israels in Erfüllung gegangen ist.

23 Die heilsgeschichtliche Stellung Israels nach der Verwerfung Jesu und der Fortbestand der Israel gegebenen alttestamentlichen Verheißungen sind theologisch sehr umstritten; vgl. dazu näher z.B. René Pache, Die Wiederkunft Jesu Christi, 11. Aufl. 1993, S.228-233; Nestvogel aaO, S.5-15; Ernst Schrupp, Israel in der Endzeit, 3. Aufl. 1992, S.96 ff.

Diese Stelle kann somit nach ihrem gesamten Zusammenhang her nicht für die Lehre von der Unverlierbarkeit des Heils in Anspruch genommen werden.

d) **1. Kor 1,8:**
„Der wird euch auch fest erhalten bis ans Ende, dass ihr untadelig seid am Tag unseres Herrn Jesus Christus".

Auch hieraus wird gefolgert, dass Gott unwiderstehliche Gnade schenke, die es bewirke, dass die Christen bis zum Ende durchhalten, sodass sie an dem entscheidenden Tag der Wiederkunft Jesu untadelig und gerechtfertigt vor ihm stehen würden.

Bewertung: Paulus spricht hier zwar von der Gnade Gottes, der die Gemeinde in der Gemeinschaft mit ihm bis ans Ende erhalten wird und ohne die niemand treu bleiben könnte, aber dies bedeutet - ebenso wie an ähnlichen Stellen - nicht, dass diese Gnade unwiderstehlich wäre, sodass ein Christ nicht die Möglichkeit hätte, sich ihr zu widersetzen. Wenn er dies tun sollte, so würde er dann von Gott nicht „fest erhalten bis ans Ende" und trotz allem verloren gehen. Der Glaube der Leser wird dabei vorausgesetzt. Gott wird denjenigen fest erhalten bis ans Ende, der den Namen des Herrn Jesus anruft, und zwar ihn andauernd, beständig und immer wieder anruft.[24]

24 Das griechische Wort für "anrufen" steht in einer Zeitform, die einen durativen Aspekt hat, d.h. ein andauerndes, beständiges, fortgesetztes Handeln umschreibt. Es genügt nicht, den Namen des Herrn nur einmal oder gelegentlich anzurufen.

Im gleichen Brief sagt Paulus ferner, dass Gott den fest erhalten wird, der an Gottes Wort festhält (1. Kor 15.2).

e) **Phil 1,6:**
„ ...und ich bin darin guter Zuversicht, dass der in euch angefangen hat das gute Werk, der wird`s auch vollenden bis an den Tag Christi Jesu".

Auch diese Stelle wird so gedeutet, dass Gott den Gläubigen unwiderstehliche Gnade zum Treubleiben schenke, sodass das gute Werk der Rechtfertigung und der Heiligung, das in ihnen mit ihrer Wiedergeburt begonnen wurde, von Gott auch bis zum Ende fortgesetzt und vollendet werde, sodass jeder Gläubige mit Sicherheit das ewige Ziel erreiche und unter keinen Umständen mehr verloren gehen könne.

Bewertung: Auch an dieser Stelle wird die Unwiderstehlichkeit der Gnade in den Text hineingelesen und die Möglichkeit außer Acht gelassen, dass ein Gläubiger sich durch festgehaltene Sünde oder Abkehr von Jesus dieser Gnade entziehen kann. Gerade im Philipperbrief selbst lesen wir an anderer Stelle, dass dies möglich ist, etwa in Phil 2,12.16, in Phil 3,2 und in Phil 4,18-19.

Möglich ist auch, das „en hümin" des griechischen Grundtextes statt mit „in euch" mit „unter euch" zu übersetzen. In diesem Falle würde Paulus folgendes sagen: Der Sieg Jesu zusammen mit seiner Gemeinde ist sicher. Jesus wird sein Werk in und mit seiner Gemeinde zum Ziel führen. Paulus hat guten Grund für seine Zuversicht (Vers 7). Er kann den Philippern zusagen, dass Jesus das Werk unter ihnen vollenden wird, weil er von ihrer „Gemeinschaft (Anteilnahme) für die gute Botschaft vom ersten Tage bis jetzt“ (Phil 1,5) weiß. Paulus setzt voraus, dass die Philipper so weitermachen wie bisher. Dass jeder einzelne Christ der Gemeinde in Philippi im Glauben bleiben werde, behauptete Paulus nicht. Der Herr Jesus Christus kann sein Werk in jedem einzelnen Christen nur dann vollenden, wenn dieser bei ihm bleibt. Dies wird nicht ausgeschlossen, auch nicht im Philipperbrief (s.o.).

f) **1. Petr 1,3-5:**

„Gelobt sei Gott, der Vater unseres Herrn Jesus Christus, der uns nach seiner großen Barmherzigkeit wiedergeboren hat zu einer lebendigen Hoffnung durch die Auferstehung Jesu Christi von den Toten, zu einem unvergänglichen und unbefleckten und unverwelklichen Erbe, das aufbewahrt wird im Himmel für euch, die ihr aus Gottes Macht durch den Glauben bewahrt werdet zur Seligkeit, die bereit ist, dass sie offenbar werde zu der letzten Zeit“.

Aus der Aussage, dass die Gläubigen durch Gottes Macht durch den Glauben bewahrt werden für das Ziel der Seligkeit, wird ebenfalls gefolgert, dass dies ausschließe, dass ein Christ verloren gehen könne. Alle wahren Gläubigen würden durch Gottes Gnade in der Weise bewahrt, dass sie ihren Glauben festhielten, sodass sie das ewige Ziel erreichen und das unvergängliche Erbe von Gott empfangen.

Bewertung: Der oben genannten Auslegung dieser Bibelstelle wäre das Gleiche entgegenzuhalten wie der Auslegung zu Phil 1,6. Gott bewahrt den, der sich bewahren lässt. 1. Petr 1,5 betont, dass die göttliche Macht „durch Glauben" wirksam wird. Würde der Mensch nicht im Glauben bleiben, könnte er sich nicht auf die bewahrende Macht Gottes berufen. Auch ansonsten sprechen viele Stellen von der Verantwortung des Menschen, in Jesus bzw. im Glauben zu bleiben; vgl. z.B. Apg 11,23; 13,43; 14,22; Kol 1,22-23; Hebr 10,35-39.

g) **1. Joh 2,19:**
„Sie sind von uns ausgegangen, aber sie waren nicht von uns. Denn wenn sie von uns gewesen wären, so wären sie ja bei uns geblieben; aber es sollte offenbar werden, dass nicht alle von uns sind."

Hier spricht Johannes von Gemeindegliedern, die sich nach einiger Zeit als Irrlehrer herausstellen und deshalb aus der Gemeinde ausgeschlossen werden oder sich der Gemeinschaft selber entziehen. Die Aussage, dass sie, „wenn sie von uns gewesen wären", „bei uns geblieben wären", wird von den Vertretern der Unverlierbarkeit des Heils als erstes so aufgefasst, dass es sich bei diesen Irrlehrern um Scheinchristen gehandelt habe. Wären es wahre Christen gewesen, so wären sie bei der Gemeinde geblieben und wären nicht zu Irrlehrern geworden. Daraus wird des Weiteren gefolgert, dass ein wahrer Christ immer und unter allen Umständen bei der Gemeinde Jesu und bei Gott bleiben werde und folglich nicht mehr verloren gehen könne.

Bewertung: Eine genauere Untersuchung dieser Aussage ergibt, dass diese Schlussfolgerungen keineswegs zwingend sind und dass dieser Vers auch mehrere andere Deutungen zulässt. Zunächst wird man feststellen können, dass die Aussage, dass sie „bei uns geblieben wären“, „wenn sie von uns gewesen wären“, keineswegs im Sinne eines ausnahmslos gültigen dogmatischen Satzes ausgesprochen wird, sondern nur im Hinblick auf bestimmte Irrlehrer in bestimmten Gemeinden. Im Übrigen bedeutet die Aussage „dass sie bei uns geblieben wären“ auch nicht unbedingt, dass sie nicht mehr verloren gehen könnten. D.h., Johannes kann auch damit gemeint haben, dass es bei wahren Christen sehr selten ist, dass sie zu Irrlehrern werden und die Gemeinde verlassen.

Ferner lässt auch die Aussage „wenn sie von uns gewesen wären“ (was ja bedeutet: sie waren nicht von uns) nicht nur die Deutung zu, dass es sich dabei nur um Namenschristen handelte. Dies hängt entscheidend davon ab, welcher Kreis mit dem Wort „uns“ umschrieben wird. Die Anhänger der Unverlierbarkeit des Heils setzen als selbstverständlich voraus, dass damit die wahren Christen ohne weitere Einschränkung gemeint seien. Dies ist jedoch keineswegs zwingend, denn mit „uns“ können auch die Treubleibenden unter den Christen gemeint sein (im Unterschied zu den Abgefallenen). Dann hätte Johannes sagen wollen, dass es sich bei denen, die sich zur Irrlehre verführen ließen, gezeigt hat, dass sie nicht zu den Treuen gehört haben, zu denen sich Johannes sich selbst und die, an die er den Brief richtet, zählt, sondern bewiesen haben, dass sie sich durch ihr Abgleiten in Irrlehre wieder von Gott losgelöst haben. Hätten sie hingegen zu den Treugebliebenen gehört, dann hätten sie sich nicht verführen lassen und wären in der Gemeinde und bei Gott geblieben. Für diese Auslegung spricht auch 1. Kor 11,19. Dort sagt Paulus: „Denn es müssen ja Spaltungen unter euch sein, damit die Rechtschaffenen unter euch offenbar werden“. Paulus sagt also nicht, dass bei den Spaltungen die wahren Christen und die Namenschristen offenbar werden, wohl aber die Treuen und die Ungehorsamen.

h) 1. Joh 3,6.9:

„Wer in ihm bleibt, der sündigt nicht; wer sündigt, der hat ihn nicht gesehen und nicht erkannt... Wer aus Gott geboren ist, der tut keine Sünde, denn Gottes Kinder bleiben in ihm und können nicht sündigen; denn sie sind von Gott geboren“.

Zum Verständnis dieser Bibelstellen muss als erstes erklärt werden, dass die Aussage „sündigt nicht“ bzw. „tut keine Sünde“, zum Ausdruck bringen will, dass derjenige, der in Jesus Christus bleibt, nicht in Sünde lebt, d.h. nicht gewohnheitsmäßig sündigt – nicht jedoch, dass er überhaupt nicht mehr sündigt, d.h. dass er überhaupt keine Sünde mehr begeht. Dies ergibt sich bereits aus der Zeitform des Verbs im Grundtext. Die letztere Deutung würde auch Bibelstellen wie 1. Joh 1,8.10 klar widersprechen.

Die Anhänger der Unverlierbarkeitslehre folgern nun aus diesen Versen, dass wahre Christen niemals dauerhaft in Sünde leben werden und können. Dann aber könnten sie auch nicht mehr verloren gehen. Nur diejenigen, die ihn „nicht gesehen und nicht erkannt“ haben, könnten gewohnheitsmäßig in Sünde leben. Die so bezeichneten Menschen aber seien keine wahre Christen, sondern nur Namenschristen, d.h. Menschen, die nicht wiedergeboren sind und Gott deshalb nicht gesehen und erkannt haben.

Bewertung: Als Erstes muss festgestellt werden, dass 1. Joh 3,6 von denen, die „nicht sündigen“, d.h. nicht in Sünde leben, sagt, dass es die sind, die „in ihm bleiben“, d.h. diejenigen, die ihm treu bleiben, also in Glaubens- und Gehorsamsverbindung mit Christus stehen; vgl. Joh 15. Hiernach erscheint es durchaus möglich, dass wahre Christen in Sünde fallen und in Sünde leben, wenn sie nicht in ihm bleiben. Dem scheint der zweite Teil dieses Verses zu widersprechen, wenn Johannes hier von denen, die in Sünde leben, sagt, dass sie

Jesus „nicht gesehen und nicht erkannt" haben. Denn dies scheint auf wahre Christen nicht zuzutreffen. Aber dennoch müssen hiermit nicht Menschen gemeint sein, die überhaupt noch in keine lebendige Beziehung zu Jesus Christus getreten sind. Denn es ist durchaus möglich, dass es sich hierbei um Christen handelt, die aber fleischlich gesinnt und in keine enge Beziehung zu Jesus Christus getreten sind: „Der sah ihn noch nicht wirklich vor sich, wie er dort am Kreuz den Fluchtod der Gottverlassenheit für unsere Sünde stirbt. Er ´hat ihn auch nicht erkannt`, wie er als der Reine und Heilige das Gericht über unsere Sünde erleidet. Hätte er Jesus so ´gesehen` und ihn so ´erkannt`, dann wäre ihm die Sünde unerträglich, und er könnte nicht einfach weiter ´sündigen`".[25]

Ebenso bedeutet auch die Aussage in Vers 9 nicht unbedingt, dass wahre Christen nicht in Sünde leben können. Dieser Vers sagt, dass die, die aus Gott geboren sind, nicht sündigen können, d.h. nicht in Sünde leben können, „weil sie in ihm bleiben" (LÜ) bzw. „denn sein Same bleibt in ihm" (Revidierte Elberfelder Bibel). Der Gläubige hat „göttlichen Samen" empfangen, nämlich Gottes Geist. Dieser Same „bleibt in ihm" und hindert ihn am Tun der Sünde. Wer also im Geist wandelt, der wird die Werke des Fleisches nicht vollbringen und nicht in Sünde leben. Wer sich hingegen von seinem Fleisch bestimmen lässt und

25 Werner de Boor, Der erste Brief des Johannes, Wuppertaler Studienbibel, Sonderausgabe, 1989, S.83.

den Heiligen Geist dämpft und betrübt, der ist auch als Wiedergeborener durchaus willens und in der Lage, dauerhaft in Sünde zu leben mit der Konsequenz des Verlustes des Heils.

i) Hebr 10,14:
„Denn mit *einem* Opfer hat er für immer die vollendet, die geheiligt werden".

Diese Bibelstelle wird so gedeutet, dass die Gläubigen (die, die geheiligt, d.h. für den Dienst Jesu ausgesondert werden) durch das einmalige Opfer Jesu Christi für immer vollendet würden, d.h. dass dieses Opfer, nachdem sie es einmal für sich in Anspruch genommen haben, ihnen für immer zugute kommen werde, sodass ihnen ihre Sünden unter keinen Umständen mehr zugerechnet würden. Dann aber sei es auch ausgeschlossen, dass ein Christ wieder verloren gehen könne.

Bewertung: Mit dieser Feststellung will der Schreiber des Hebräerbriefes jedoch nur sagen, dass das einmalige Opfer Jesu Christi ausreichend ist, um alle Sünden aller Gläubigen aller Zeiten (und überhaupt aller Menschen; vgl. 1. Joh 2,2) vor Gott zu sühnen. Sie besagt aber nicht, dass der Gläubige diese Zurechnung des Sühnopfers Jesu und damit seinen Gnadenstand bei Gott unter keinen Umständen aufgrund seines Verhaltens wieder verlieren könnte. Dass dies möglich ist, sagt der Hebräerbrief an anderen Stellen eindeutig (dazu näher unter **5 a-c**).

5. Bibelstellen, die von der Verlierbarkeit des Heils sprechen

Es hat sich anhand der Untersuchung aller wichtigen Bibelstellen, die für die Unverlierbarkeit des Heils geltend gemacht werden, herausgestellt, dass sich diese Lehre letzten Endes biblisch nicht begründen lässt. Demgegenüber lässt sich eine ganze Anzahl von Bibelstellen anführen, aus denen sich eindeutig ergibt, dass das Heil der Christen durch deren Verhalten wieder verloren werden kann.

a) Von seiner Bedeutung und Eindeutigkeit her an erster Stelle wäre hier der Abschnitt **Hebr 6,4-6** zu nennen: „Denn es ist unmöglich, die, die einmal erleuchtet worden sind und geschmeckt haben die himmlische Gabe und Anteil bekommen haben am Heiligen Geist und geschmeckt haben das gute Wort Gottes und die Kräfte der zukünftigen Welt und dann doch abgefallen sind, wieder zu erneuern zur Buße, da sie für sich selbst den Sohn Gottes abermals kreuzigen und zum Spott machen“.

Aus dieser Stelle geht eindeutig hervor, dass es sich bei den dort genannten Menschen, die abgefallen sind, um wahre Christen und nicht um Namenschristen handelt. Denn ihnen werden in diesen Versen alle Eigenschaften und Merkmale wahrer Christen zugesprochen: Dies ist als erstes die Erleuchtung durch Gott. Das bedeutet, dass Gott ihnen das geistliche Verständnis seines Evangeliums geschenkt hat. Diese „Erleuchtung“ ist nicht nur eine reine Wissensaneignung oder ein Erlernen von Glaubenstatsachen und -wahrheiten, sondern sie ist stets eng mit der Bekehrung und Wiedergeburt verknüpft. So heißt es in Hebr 10,32: „Gedenkt aber der früheren Tage, an denen ihr, nachdem ihr erleuchtet wart, erduldet habt einen großen Kampf des Leidens“. Die Erleuchtung hat zu einem neuen Leben in Christus geführt. Ferner haben die in Hebr 6 Beschriebenen „die himmlische Gabe geschmeckt“. Die himmlische Gabe ist die von Gott geschenkte Zugehörigkeit zum Reich Gottes und alle damit verbundenen weiteren Gaben. So wird in Apg 2,28 die Gabe des Heiligen Geistes genannt und Röm 5,15.17 spricht von der Gabe der Gerechtigkeit. Wenn es in Hebr 6 heißt, dass diese Menschen diese Gabe „geschmeckt“ haben, so bedeutet dies eine persönliche Erfahrung und einen persönlichen Umgang mit dieser Gabe. Dies aber ist nur bei wahren Christen denkbar. Die Behauptung, die Abgefallenen hätten die Gabe im Gegensatz zu wahren Christen nur „geschmeckt“, aber nicht „gegessen“, sondern die Köstlichkeit „wieder ausgespuckt“,[26] ist im Hinblick darauf unhaltbar. Auch in Hebr 2,9, wo von Jesus Christus gesagt wird, dass er für alle den Tod schmecken sollte, bedeutet das „Schmecken“ die persönliche Erfahrung und das persönliche Erleben, nämlich des Todes. Ferner haben sie „Anteil bekommen am Heiligen Geist“ (so LÜ) bzw. sind „des Heiligen

26 So z.B. Willem Ouweneel, Der Brief an die Hebräer, dt. 1994, S.169.

Geistes teilhaftig geworden“ (so die Revidierte Elberfelder Bibel). Nach dem gesamten Zeugnis der Bibel haben aber nur wahre Christen, d.h. Wiedergeborene, Anteil am Heiligen Geist (vgl. z.B. Apg 15,8 f.; Röm 8,14-16; Eph 1,13 f.). Die Auffassung, es sei hier nur eine „äußerliche Teilhaberschaft“ und keine Innewohnung gemeint,[27] ist in Anbetracht dessen unhaltbar. „Diese drei Aussagen und die zwei weiteren von Vers 5 wären im Blick auf einen Mitläufer oder Namenschristen absolut undenkbar“.[28] Als viertes Kennzeichen wird von den Angesprochenen gesagt, dass sie das gute Wort Gottes geschmeckt haben. Das Wort Gottes, das Gott in der Bibel geoffenbart hat, ist Geist und Leben, wie Jesus Christus selbst bezeugt hat (Joh 6,63; Apg 5,20) und die Gläubigen sind gereinigt durch das Wasserbad im Wort (Eph 5,26). Dieses Wort haben die Betreffenden „geschmeckt“, d.h. gläubig angenommen und persönlich erfahren. Als letztes Merkmal wird von ihnen gesagt, dass sie die Kräfte der zukünftigen Welt geschmeckt haben. Mit diesen Kräften (im Urtext griechisch: „dynamis“) sind die Kräfte der Messiasherrschaft Jesu gemeint, die in den Gläubigen wirksam sind im Überwinderkampf gegen die Sünde, in der Heiligung und in der Erneuerung ihres Sinnes. Es ist die ungeheure Kraft der Auferstehung Jesu, die bereits jetzt in den Gläubigen gegenwärtig ist. Auch an diesen Kräften haben die im Hebräerbrief Angesprochenen Anteil gehabt.[29]

27 So Ouweneel aaO.

28 So treffend Mauerhofer aaO, S.44.

29 Nichts anderes ergibt sich, wenn man unter den "Kräften der zukünftigen Welt" die zur Zeit Jesu und der Urgemeinde gewirkten Zeichen und Wunder versteht, denn auch diese konnten nur von wahren Christen gewirkt werden.

Ein Abfall von bloßen Namenschristen, die ja niemals zum Reich Gottes gehört haben, ist im Übrigen schon begrifflich ausgeschlossen: Denn von einer Person oder Überzeugung „abfallen“ kann nur jemand, der vorher dazu gehört hat. Außerdem wäre ein „Abfall“ von Namenschristen kein Grund für die Eindringlichkeit der Mahnung, die offensichtlich darauf beruht, dass Menschen in Gefahr sind, ihren kostbarsten Besitz, nämlich ihr Heil, für immer zu verlieren: Denn für einen Namenschristen bedeutet ein „Abfall“ kein Wechsel seines geistlichen Zustands; er war ja bereits vor seinem „Abfall“ von Gott getrennt und verloren.

Ferner wird von ihrem *Abfall* gesprochen. Das hier verwendete Verb „parapiptein“ – mag es für sich genommen sprachlich mehrere Bedeutungen haben – lässt in diesem Zusammenhang keinen Zweifel daran, dass hier nicht nur ein „Fehltritt“ oder eine vorübergehende Hinwendung zum jüdischen Zeremonialgesetz gemeint ist, sondern die als endgültig gewollte Absage des Gläubigen gegenüber Jesus Christus. Denn nur dies rechtfertigt die Bewertung ihres Verhaltens als „erneutes Kreuzigen des Sohnes Gottes“. Außerdem werden die Abgefallenen in Vers 8 mit einem Boden verglichen, der Dornen und Disteln trägt, deshalb keinen Nutzen bringt und dem Fluch nahe ist, der zur Folge hat, dass er zuletzt dem Verbrennen anheimfällt.

Der Text lässt auch keinen Zweifel an den geistlichen Folgen des Abfalls: Er führt zum Verlust der

Gnade und der Gemeinschaft mit Gott und dies in unwiderruflicher und nicht mehr rückgängig zu machender Weise. Es ist unmöglich, solche Menschen zur Buße zu führen, weil Gott keine Gnade zur Buße mehr schenkt. Wer als Gläubiger eine Gesinnung gegen Jesus Christus an den Tag legt, die von Gott so bewertet wird, dass er Jesus Christus damit abermals kreuzigt, dem kann das am Kreuz vergossene Blut Jesu nicht mehr zugute kommen.

Schließlich handelt es sich auch nicht um eine bloße Möglichkeit, dass Christen in dieser Weise abfallen können, sondern sie kann Wirklichkeit werden und ist für Christen auch schon Wirklichkeit geworden.[30] Es würde die praktische Bedeutung dieser Warnungen geradezu außer Kraft setzen, wenn man behaupten wollte, dass Gott aufgrund einer unwiderstehlichen Erwählungs- und Heiligungsgnade bei jedem wahren Christen letztlich unfehlbar verhindere, dass er vom Glauben abfällt.[31] Außerdem bestünde gar kein Anlass für solche Warnungen in der Bibel, wenn es praktisch ausgeschlossen ist, dass die Gefahren, vor denen gewarnt wird, jemals eintreten.

b) Hebr 10,26-31:

„Denn wenn wir mutwillig sündigen, nachdem wir die Erkenntnis der Wahrheit emp-

30 Den Abfall im eigentlichen Sinne sowie die Sünde zum Tode (1. Joh 5,16) halte ich allerdings für selten (im Gegensatz zum Verlust der Gnade durch festgehaltene Sünde, Lauheit oder Abkehr von der biblischen Lehre).

31 So aber z.B. Adolph Zahn (zitiert in: Wolf Christian Jaeschke [Hrsg.], Adolph Zahn, Von Gottes Gnade und des Menschen Elend, 2001, S.63 ff.; 66); im Ergebnis ähnlich trotz unterschiedlichen theologischen Ausgangspunktes David Ewert, Ist das Heil verlierbar?, 1998, S.32 ff.; 36 f.; 48 ff.

fangen haben, haben wir hinfort kein andres Opfer mehr für die Sünden, sondern nichts als ein schreckliches Warten auf das Gericht und das gierige Feuer, das die Widersacher verzehren wird. Wenn jemand das Gesetz des Mose bricht, muss er sterben ohne Erbarmen auf zwei oder drei Zeugen hin. Eine wie viel härtere Strafe, meint ihr, wird der verdienen, der den Sohn Gottes mit Füßen tritt und das Blut des Bundes für unrein hält, durch das er doch geheiligt wurde und den Geist der Gnade schmäht? Denn wir kennen den, der gesagt hat: ´Die Rache ist mein, ich will vergelten` und wiederum: ´Der Herr wird sein Volk richten`. Schrecklich ist`s, in die Hände des lebendigen Gottes zu fallen."

Auch diese Stelle bezieht sich eindeutig auf wahre Christen, denn von ihnen wird gesagt, dass sie die Erkenntnis der Wahrheit empfangen haben und dass sie durch das Blut des Bundes geheiligt wurden. Außerdem redet der Schreiber des Hebräerbriefs diese Menschen mit „wir" an, d.h. es waren ebenso wahre Christen wie er selbst. Er stellt sich weder über die Angesprochenen noch außerhalb. Auch aus dem Inhalt der vorangehenden Verse 23 bis 25 geht eindeutig hervor, dass sich der Briefschreiber sowohl mit seinen Mahnungen (Verse 23 bis 25) als auch mit seinen Warnungen (Verse 26 bis 31) an wahre Christen richtet.

Mit dem „mutwilligen Sündigen“ ist keinesfalls jede willentliche Sünde gemeint, sondern entweder wie in Hebr 6 die bewusste und endgültige Lossagung von Jesus Christus[32] oder ein aus Feindschaft gegen Jesus motiviertes dauerndes und provokatives, Gott herausforderndes Sündigen.[33] Dieses Sündigen wiegt jedenfalls so schwer, dass es bedeutet, Jesus Christus mit Füßen zu treten und das Blut des Bundes für unrein zu achten (Vers 29).

Konsequenz dieses „mutwilligen Sündigens“ ist ebenso wie in Hebr 6 der unwiderrufliche Verlust des Heils. Mit der „viel härteren Strafe“ in Vers 29 ist eindeutig die ewige Verdammnis gemeint. Diese ist gegenüber der körperlichen Hinrichtung, die bei einem Bruch der Strafgesetze des Mose vollzogen wurde, wesentlich härter, da sie dazu führt, dass Leib und Seele ewig in der Hölle sein werden (Mt 10,28).[34] Außerdem nimmt Vers 30 Bezug auf 5. Mose 32,35 („Die Rache ist mein, ich will vergelten“). Es geht hier also um Rache im Sinne von vergeltender Bestrafung und nicht um bloße Züchtigung, die den Sünder wieder zurechtbringen will. Und schließlich wird von einem Gläubigen, auf den das in diesen Versen Genannte zutrifft, in Vers 31 gesagt: „Schrecklich ist`s, in die Hände des lebendigen Gottes zu fallen“. Weil jeder Mensch ein Sünder ist, ist dies

32 So Fritz Laubach in: Der Brief an die Hebräer, Wuppertaler Studienbibel, Sonderausgabe 1989, S.212.

33 So Mauerhofer aaO, S.47.

34 Zwar wurde ein unbußfertiger Mörder oder Ehebrecher, der nach dem Strafgesetz des Mose hingerichtet wurde, nicht nur körperlich getötet, sondern auch von Gott ewig verworfen, doch ist dies nicht der tragende Gesichtspunkt des Vergleichs in Hebr 10,29.

für jeden schrecklich, der nicht durch das Blut Jesu Christi mit Gott versöhnt ist. Es ist aufgrund dieser Aussage sowie aufgrund der Aussagen in den Versen 26 und 27 ausgeschlossen, dass mit der „viel härteren Strafe" lediglich „Seelenangst" oder „geistige Pein" gemeint sei, wie Erwin Lutzer annimmt.[35]

Dass der Verlust des Heils unwiderruflich ist, ergibt sich aus den Versen 26 und 27. In Vers 26 heißt es, dass jemand, der in der genannten Weise gesündigt hat, „kein andres Opfer" für die Sünden als das Blut Jesu haben wird. Das bedeutet aber, dass ihm seine Sünde niemals mehr vergeben wird, denn das Blut Jesu kommt ihm nicht mehr zugute, weil er es für unrein geachtet hat. Ein anderes Opfer, das als Sühneopfer geeignet wäre, gibt es nicht. Und in Vers 27 heißt es, dass für solche Sünder nur noch „ein schreckliches Warten auf das Gericht" bleibt, dass also keine Möglichkeit mehr besteht, während der noch verbleibenden Lebenszeit diesem Gericht zu entgehen.

Schließlich erscheint es hier aus den gleichen Gründen wie bei Hebr 6 ausgeschlossen, dass es sich bei diesem mutwilligen Sündigen nur um eine theoretische Möglichkeit handele, die sich bei keinem Christen verwirkliche.

c) **Hebr 10,35-39:**
„Darum werft euer Vertrauen nicht weg, welches eine große Belohnung hat. Geduld

35 Lutzer aaO, S.253 f.

aber habt ihr nötig, damit ihr den Willen Gottes tut und das Verheißene emp-fangt. Denn ´nur noch eine kleine Weile, so wird kommen, der da kommen soll, und wird nicht lange ausbleiben. Mein Gerechter aber wird aus Glauben leben. Wenn er aber zurückweicht, hat meine Seele kein Gefallen an ihm`. Wir aber sind nicht von denen, die zurückweichen und verdammt werden, sondern von denen, die glauben und die Seele erretten".

Aus diesem Abschnitt geht hervor, dass es darum geht, den Willen Gottes zu tun, und dieser ist: Festhalten! Das Vertrauen, das sie nicht wegwerfen sollen, geht parallel zu „aus Glauben leben" in Vers 38. Um die Seele (endgültig) zu erretten, müssen die Angesprochenen im Glauben stehen und stehen bleiben. Aber wenn „er", d.h. ein Gerechter und damit ein Wiedergeborenener, „zurückweicht", d.h. sich von Christus loslöst, hat Gottes Seele „kein Gefallen an ihm". Dieses „Kein-Gefallen-an-ihm-haben" in Vers 38 steht parallel zu dem „Verdammtwerden" in Vers 39. Wenn der Gerechte Christus verlässt, weicht er zurück „zur Verdammnis". Stirbt er in diesem Zustand, so geht er in die ewige Verdammnis. Denen, die zurückweichen, stellt er diejenigen gegenüber, die er in Vers 39 mit „wir" umschreibt, d.h. die Treubleibenden.

d) **Hebr 12,16-17:**

„...dass nicht jemand sei ein Abtrünniger oder Gottloser wie Esau, der um der einen Speise willen seine Erstgeburt verkaufte. Ihr wisst ja, dass er hernach, als er den Segen ererben wollte, verworfen wurde, denn er fand keinen Raum zur Buße, obwohl er sie mit Tränen suchte."

Der dritte Textabschnitt im Hebräerbrief behandelt einen weiteren Fall des unwiderruflichen Verlustes des Heils bei einem Gläubigen, der dann eintritt, wenn Gott keinen Raum zur Buße mehr schenkt. Auch hier sind wahre Christen gemeint, denn auch Esau stammte aus der Nachkommenschaft nicht nur Abrahams, sondern auch Isaaks und gehörte damit zum Volk Gottes (vgl. dazu näher unter **5 e**).

Der Schreiber des Hebräerbriefes warnt hier davor, dass einem Christen, der die Gnade aufgrund von Sünde und Ungehorsam bereits verloren hat, so wie Esau durch seine fleischliche Gesinnung, der Weg zur Umkehr von Gott abgeschnitten wird, sodass er nicht noch einmal umkehren kann. Er findet keinen Raum zur Buße mehr, sodass der Verlust der Gnade unumkehrbar und endgültig wird.

An und für sich verhält es sich so, dass Gott den Christen, die sich von ihm abgewandt haben, weiterhin bis an das Ende ihres Lebens immer wieder Gnade zur Buße schenkt. Dies wird man aus 2. Tim 2,13 herleiten können, wo es heißt: „Sind wir untreu, so bleibt er doch treu, denn er kann sich selbst nicht verleugnen". Selbst die Übergabe eines Gemeindeglieds, das schwer gesündigt hatte, an den Satan sollte der Züchtigung und der Zurechtbringung dienen (1. Kor 5,5). Gott will sein verirrtes und verlorenes Kind wieder zurückgewinnen! Aber ein dauerndes Verharren in schweren Sünden und ein beständiges bewusstes Überhören des Bußrufes Jesu kann dazu führen, dass Gott einem solchen Menschen keine Gnade zur Buße mehr schenkt, sodass er „keinen Raum zur Buße mehr findet". Da ein Mensch nur dann Buße tun kann, wenn Gott ihm dazu Gnade schenkt, bedeutet das, dass er keine Buße mehr tun kann und deshalb keine Vergebung seiner Sünden mehr erlangt und verloren geht. Auf die Schwierigkeit der Textstelle Hebr 12,17, die darin besteht, dass Esau nach dem Zeugnis von 1. Mose 27,34 bei seinen Tränen gar nicht wirklich Buße über seine fleischliche und ungeistliche Gesinnung tun wollte, sondern lediglich den verscherzten Segen wieder zurückgewinnen wollte, soll hier nicht näher eingegangen werden[36]. Die klare Warnung von Hebr 12,17 kann hierdurch nicht abgemildert werden.

e) **1. Joh 5,16:**

„Wenn jemand seinen Bruder sündigen sieht, eine Sünde nicht zum Tode, so mag er bitten und Gott wird ihm das Leben geben – denen, die nicht sündigen zum Tode. Es gibt aber eine Sünde zum Tode; bei der sage ich nicht, dass jemand bitten soll".

36 Vgl. zu den verschiedenen Auslegungen dieser Stelle etwa Laubach aaO, S.266 f.

Auch hier ist von einer Sünde die Rede, die „zum Tode" führt, und zwar zum geistlichen und ewigen Tod, und zwar ebenso wie die in Hebr 6 und 10 beschriebenen Sünden in nicht mehr rückgängig zu machender Weise. Es ist vom Zusammenhang her ausgeschlossen, hier stattdessen lediglich an einen körperlichen Tod zu denken, etwa durch die Todesstrafe wegen eines von einem Christen begangenen Vergehens.[37] Denn dann wäre kein Grund ersichtlich, warum die anderen Gläubigen nicht mehr für den Schuldigen beten sollten, um ihn geistlich zurechtzubringen.

Um welche Sünde(n) es sich dabei handelt, wird nicht gesagt, doch ist anzunehmen, dass sie so gravierend war(en), dass die Adressaten des Briefes wussten, worum es sich dabei handelt.[38] Vermutlich handelt es sich auch hier um die endgültige Absage an Jesus Christus wie in Hebr 6 und unter Umständen auch in Hebr 10.

Die Anhänger der Unverlierbarkeit des Heils müssen nun zur Verteidigung ihres Standpunkts annehmen, dass die Sünde zum Tode nur von Namenschristen begangen werden könne. Sowohl der Text selbst als auch der Zusammenhang geben aber keinen diesbezüglichen Anhaltspunkt. Vielmehr setzt die Begrenzung der Sünde zum Tode auf Namenschristen die Richtigkeit der – erst zu beweisenden – Annahme voraus, dass ein wahrer Christ nicht mehr verloren gehen könne.

---

37 So aber Jay Adams, Der innere Krieg, dt. 1991, S.143.
38 Mauerhofer aaO, S.45.

f) **Mt 12,31-32:**
„Darum sage ich euch: Alle Sünde und Lästerung wird den Menschen vergeben; aber die Lästerung gegen den Geist wird nicht vergeben, Und wer etwas redet gegen den Menschensohn, dem wird es vergeben; aber wer etwas redet gegen den Heiligen Geist, dem wird`s nicht vergeben, weder in dieser noch in jener Welt".

Als Beispiel einer Sünde zum Tode kann diese Warnung Jesu vor der Lästerung des Heiligen Geistes gleichsam als Parallelstelle aufgeführt werden.

Sie bezieht sich auf die Pharisäer und Schriftgelehrten und damit auf Angehörige des Volkes Gottes. Wenn hier von calvinistischer Seite behauptet wird, dass nicht alle Angehörigen des Volkes Gottes zugleich Kinder Gottes gewesen seien,[39] so hat dies keine biblische Grundlage. Zwar sagt schon das Alte Testament, dass die bloße Zugehörigkeit zum Volk Gottes, d.h. hier zum Volk Israel, nicht ausreicht, um in das Himmelreich zu gelangen, sondern dass ein Leben im Glaubensgehorsam sowie Buße über die begangenen Sünden erforderlich ist, aber dies ändert nichts daran, dass alle Angehörigen des Volkes Israel[40] unter der Geltung des Alten Bundes Glieder des Volkes Gottes waren.

39 Z.B. Johannes Calvin in: Rechtfertigung der Erwählungslehre (1552); ebenso schon in Institutio aaO III 21,5-7.

40 genauer gesagt Abraham und Isaak und ihre Nachfahren, nicht aber Ismael und seine Nachfahren.

Die Sünde der Pharisäer und Schriftgelehrten gegen den Heiligen Geist bestand darin, dass sie Jesu Wirken wider besseres Wissen und Gewissen als Werke des Teufels ausgaben. Sie führten Jesu Kampf gegen die dämonische Welt, die er durch den Geist Gottes bekämpfte, auf dämonische Mächte selbst zurück.

Jesus sagt, dass diese Sünde niemals vergeben werden würde, weder in dieser noch in jener Welt, d.h. auch in der Ewigkeit nicht.[41] Denn es ist in den Augen Gottes eine ungeheuerliche Sünde, den Heiligen Geist, der Jesu Auftrag und Wirken als Werk Gottes beglaubigt, zu lästern, indem man ihn zum Lügner erklärt, dadurch dass man eben dieses Wirken wider besseres Wissen und Gewissen als Werk des Teufels ausgibt.

g) Mt 18,23-35:

„Darum gleicht das Himmelreich einem König, der mit seinen Knechten abrechnen wollte. Und als er anfing abzurechnen, wurde einer vor ihn gebracht, der war ihm zehntausend Zentner Silber schuldig. Da er`s nun nicht bezahlen konnte, befahl der Herr, ihn und seine Frau und seine Kinder und alles, was er hatte, zu verkaufen und damit zu bezahlen. Da fiel ihm der Knecht zu Füßen und flehte ihn an und sprach: Hab Geduld mit mir; ich will dir`s alles bezahlen. Da hatte der Herr Erbarmen mit

41 Hiermit will Jesus nicht sagen, dass es ansonsten Sünden gäbe, die in der anderen Welt vergeben würden, sondern nur auf die ewige Unmöglichkeit der Sündenvergebung für diese Sünde besonders hinweisen.

diesem Knecht und ließ ihn frei und die Schuld erließ er ihm auch. Da ging dieser Knecht hinaus und traf einen seiner Mitknechte, der war ihm hundert Silbergroschen schuldig; und er packte und würgte ihn und sprach: Bezahle, was du mir schuldig bist! Da fiel sein Mitknecht nieder und bat ihn und sprach: Hab Geduld mit mir; ich will dir`s bezahlen. Er wollte aber nicht, sondern ging hin und warf ihn ins Gefängnis, bis er bezahlt hätte, was er schuldig war. Als aber seine Mitknechte das sahen, wurden sie sehr betrübt und kamen und brachten bei ihrem Herrn alles vor, was sich begeben hatte. Da forderte ihn sein Herr vor sich und sprach zu ihm: Du böser Knecht! Deine ganze Schuld habe ich dir erlassen, weil du mich gebeten hast; hättest du dich da nicht auch erbarmen sollen über deinen Mitknecht, wie ich mich über dich erbarmt habe? Und sein Herr wurde zornig und überantwortete ihn den Peinigern, bis er alles bezahlt hätte, was er ihm schuldig war. So wird auch mein himmlischer Vater an euch tun, wenn ihr einander nicht von Herzen vergebt, ein jeder seinem Bruder".

Auch hier handelt es sich bei dem bösen Knecht um einen wahren Christen, da er in gleicher Weise im Dienst des Königs (Jesus Christus) steht wie die anderen Knechte. Vor allem aber hatte er Vergebung seiner Schuld durch den König erlangt; dies wäre bei einem bloßen Namenschristen ausgeschlossen.

Bei seiner Sünde, durch die er die gerade erst erlangte Vergebung seiner Schuld wieder verlor, handelte es sich um Unversöhnlichkeit und mangelnde Vergebungsbereitschaft gegenüber einem Mitknecht, dem er seinerseits dessen – viel geringere – Schuld nicht vergeben wollte.

Die Folge für einen Christen, der in Unversöhnlichkeit lebt, ist der Verlust des Heils. Dies ergibt sich aus dem Gleichnis (sowie auch aus Mt 6,14-15) eindeutig: Der böse Knecht wird von dem König nicht nur getadelt, sondern aus seiner Gemeinschaft ausgeschlossen und den Peinigern bis zur Abzahlung seiner Schuld übergeben. Da die Rückzahlung in Anbetracht der enormen Höhe der Schuldsumme ausgeschlossen ist, bedeutet dies, dass er niemals mehr freikommen wird.[42] Jedoch ist hier anders als beim Abfall vom Glauben, bei der Sünde wider den Heiligen Geist, der Verstockung und der Sünde zum Tode anzunehmen, dass Gott noch Gnade zur Buße schenkt, sodass der Unversöhnliche später doch noch Buße über seine Sünde tun und die Gnade Gottes wieder erlangen könnte.

h) Mt 25,1-13:

„Dann wird das Himmelreich gleichen zehn Jungfrauen, die ihre Lampen nahmen und gingen hinaus, dem Bräutigam entgegen. Aber fünf von ihnen waren töricht und fünf waren klug. Die törichten nahmen ihre

42 Vgl. dazu näher Johann Jakob Rambach, Der Rückfall aus der Gnade, 1995 (Nachdruck einer Predigt von 1725), S.10 ff.

Lampen, aber sie nahmen kein Öl mit. Die klugen aber nahmen Öl mit in ihren Gefäßen, samt ihren Lampen. Als nun der Bräutigam lange ausblieb, wurden sie alle schläfrig und schliefen ein. Um Mitternacht aber erhob sich lautes Rufen: Siehe, der Bräutigam kommt! Geht hinaus, ihm entgegen! Da standen diese Jungfrauen alle auf und machten ihre Lampen fertig. Die törichten aber sprachen zu den klugen: Gebt uns von eurem Öl, denn unsre Lampen verlöschen. Da antworteten die klugen und sprachen: Nein, sonst würde es für uns und euch nicht genug sein; geht aber zum Kaufmann und kauft für euch selbst. Und als sie hingingen zu kaufen, kam der Bräutigam und die bereit waren, gingen mit ihm hinein zur Hochzeit, und die Tür wurde verschlossen. Später kamen auch die anderen Jungfrauen und sprachen: Herr, Herr, tu uns auf! Er antwortete aber und sprach: Wahrlich, ich sage euch: Ich kenne euch nicht. Darum wachet! Denn ihr wisst weder Tag noch Stunde."

Nicht nur die fünf klugen, sondern auch die fünf törichten Jungfrauen waren echte Christen und nicht nur Namenschristen. Dies ergibt sich vor allem daraus, dass auch sie eine Lampe mit Öl bei sich trugen. Das Öl aber ist in der Bibel häufig Symbol für den Heiligen Geist (vgl. z.B. Sach 4; 2. Kor 1,21 f.; 1. Joh 2,27). Auch die fünf törichten Jungfrauen symbolisieren also Menschen, die den Heiligen Geist besitzen, und dies ist nur bei wahren Christen der Fall. Es würde völlig dem Bibeltext widersprechen, wollte man behaupten, dass die törichten Jungfrauen kein Öl in ihren Lampen, keinen lebendigen Glauben in ihren Herzen und nur ein äußerliches Bekenntnis gehabt hätten.[43] Ebenso wenig ist anzunehmen, dass die Lampen mit Öl in dem Gleichnis überhaupt keine geistliche Bedeutung gehabt haben sollten.

Die törichten Jungfrauen und die Christen, die sie verkörpern, haben die Gnade Gottes verloren und bleiben vom Himmelreich ausgeschlossen. Dies geht eindeutig aus Vers 12 hervor, wo der Bräutigam, mit dem Jesus Christus gemeint ist, ihnen sagt, dass er sie nicht kennt und ihnen die Tür zum Hochzeitssaal nicht öffnet und niemals mehr öffnen wird.
Die Sünde, durch die solche Menschen die Gnade verloren haben, liegt darin, dass sie sich im Verlauf ihres Lebens und ihrer Nachfolge immer mehr von Jesus entfernt hatten und schließlich nicht mehr für die Begegnung mit ihm bereit waren. Falls man auch der Schilderung, dass die törichten Jungfrauen in letzter Minute „Öl" beim „Kaufmann" kaufen wollten, eine geistliche Bedeutung beimessen will, so würde dies bedeuten, dass sie ihren geistlichen Zustand im letzten Augenblick, aber leider zu spät erkannten und wieder zu Jesus umkehren wollten, dass es aber für sie zu spät war und Gott keinen Raum zur Buße mehr schenkte.

---

43 So aber George Whitefield in einer Predigt vom 29.04.1739 (zitiert in: Otto Riecker, Ruf an alle, 1962, S.50 und 179).

i) **Joh 15,6:**
„Wer nicht in mir bleibt, der wird weggeworfen wie eine Rebe und verdorrt, und man sammelt sie und wirft sie ins Feuer und sie müssen brennen“.

Auch diese Textstelle spricht von wahren Christen, die sich wieder von Jesus lösen wie eine Rebe vom Weinstock. Die Reben, die sich vom Weinstock lösen, unterschieden sich vorher in nichts von den anderen Reben, die mit dem Weinstock verbunden bleiben.

Eine solche Loslösung geschieht - ebenso wie der Abfall vom Glauben - im Allgemeinen nicht plötzlich, sondern allmählich: „Abfall vom Glauben beginnt meist bei kleinen Unzufriedenheiten. Es wird in Frage gestellt, ob Gott sein Wort hält, er es wirklich gut meint usw.“ [44]

Konsequenz dieser Loslösung ist zunächst die Trennung vom Weinstock und seinen Kräften, d.h. der Christ, der sich von Jesus Christus entfernt und sich aus seiner Beziehung zu ihm loslöst, der verdorrt geistlich. Sein geistliches Leben hat keine Kraft mehr, auch wenn es nach außen hin vielleicht noch an der biblischen Lehre und an christlicher Ethik ausgerichtet ist. Wenn diese Entwicklung nicht erkannt und ihr nicht durch gründliche Buße und Umkehr Einhalt geboten wird, so steht am Ende das „Geworfenwerden

44 Rita Löffeler, Der ideale Christ - eine Untersuchung des Heiligungs- und Vollkommenheitsverständnisses im NT, 2002, S.18.

in das Feuer“ und das „Brennen“. Damit aber ist nichts anderes als die Verwerfung im Endgericht und die ewige Verdammnis gemeint.

j) **2. Mose 32,33:**
„Ich will den aus meinem Buch tilgen, der an mir sündigt“.

Aus dieser Bibelstelle geht – in Verbindung mit Ps 69,29 und Offb 3,5 – hervor, dass Menschen wieder aus dem Buch des Lebens gestrichen werden können. In das Buch des Lebens eingetragen sind die Erretteten von Anbeginn der Welt (Offb 13,8; 17,8; 21,27). Es handelt sich dabei folglich um wahre Christen. Von diesen wird in 2. Mose 32,33 nun gesagt, dass sie aus dem Buch des Lebens getilgt werden, wenn sie gegen Gott sündigen. In Offb 3,5 wird das Überwinden, d.h. das Treubleiben, als Bedingung genannt, um nicht aus dem Buch des Lebens gestrichen zu werden.

Welche Sünden dazu führen, dass ein Christ aus dem Buch des Lebens gestrichen wird, sagen diese Bibelstellen nicht. In 2. Mose 32,33 sagt Gott: „wer an mir sündigt“. Nach dem Gesamtzeugnis der Bibel ist auch hier nicht irgend eine einzelne Sünde gemeint, sondern der Abfall vom Glauben, ein unbußfertiges Leben in festgehaltener oder unbereinigter Sünde oder die Verdrängung Jesu Christi aus dem Leben.

Aus dem Buch des Lebens gestrichen zu werden, bedeutet den Verlust des Heils, denn wer beim

Weltgericht nicht oder nicht mehr im Buch des Lebens gefunden wird, der wird verdammt (Offb 20,15).

k) **2. Petr 2,20-22:**
„Denn wenn sie durch die Erkenntnis unseres Herrn und Heilands Jesus Christus entflohen sind dem Unrat der Welt, werden aber wiederum in diesen verstrickt und von ihm überwunden, dann ist`s mit ihnen am Ende ärger geworden als vorher. Denn es wäre besser für sie gewesen, dass sie den Weg der Gerechtigkeit nicht erkannt hätten, als dass sie ihn kennen und sich abkehren von dem heiligen Gebot, das ihnen gegeben ist. An ihnen hat sich erwiesen die Wahrheit des Sprichworts: Der Hund frisst wieder, was er gespien hat; und: Die Sau wälzt sich nach der Schwemme wieder im Dreck."

Auch diese Stelle bezieht sich auf wahre Christen. Denn von den dort genannten Menschen heißt es, dass sie durch die Erkenntnis Jesu Christi dem Unrat der Welt entflohen sind. Sie haben ihn also als Retter erkannt und sich von ihm reinigen lassen und sich von der Sünde der Welt abgewandt. Außerdem heißt es von ihnen, dass sie den Weg der Gerechtigkeit erkannt (und betreten) haben. Wenn hiergegen eingewandt wird, dass diese Menschen als „Hunde" und „Schweine" bezeichnet werden, obwohl sie doch als Christen „Schafe" seien, sodass es sich bei ihnen nicht um wahre

Christen handeln könne, so wäre dem entgegenzuhalten, dass in Sünde und Ungehorsam lebende Gläubige schon im Alten Testament auf eine Stufe mit Heiden und Ungläubigen gestellt werden (vgl. z.B. Jes 1,9; Jer 9,24 f.; Hos 5,3), sodass ein rückfälliges „Schaf", d.h. ein rückfälliger Christ im Neuen Bund, in den Augen Gottes, wenn es nicht Buße tut, eben nicht mehr als „Schaf", sondern als „Hund" und „Schwein" gilt.

Diese Christen haben sich wieder in Sünde oder Irrlehre verstricken lassen und werden in den von Petrus geschilderten Beispielen nun selbst zu Verführern.

Bereits mit ihrer Bezeichnung als „Hund" und „Schwein" (in Israel beides unreine Tiere) wird zum Ausdruck gebracht, dass sie durch ihre Abwendung von der Nachfolge und Gottes Geboten ihre Gnade und ihre Gemeinschaft mit Jesus Christus verloren haben und damit auf dem Weg in die ewige Verdammnis sind. Ob für sie noch die Möglichkeit zur Umkehr besteht, sagt die Textstelle nicht, doch wird man aufgrund dessen, dass Gott dem Rückfälligen im Allgemeinen Gnade zur Umkehr schenkt (s.o. **5 c**), dies wohl bejahen können, solange die Grenze zur Verstockung noch nicht überschritten ist.

6. Zusammenfassung und Ergebnis

Obwohl die Auffassung, dass ein Christ unter keinen Umständen mehr verloren gehen kann, von angesehenen theologischen Systemen und von vielen ernsthaften Christen vertreten wird, musste dennoch festgestellt werden, dass diese Ansicht durch das biblische Gesamtzeugnis nicht begründet werden kann. Zwar finden sich eine Anzahl von Bibelstellen, die für sich genommen in diesem Sinne gedeutet werden können, jedoch hat die Untersuchung gezeigt, dass diese auch in einem anderen Sinne interpretiert werden können, während eine ganze Anzahl anderer Stellen eindeutig von der Möglichkeit des Verlorengehens spricht. Diese Stellen anders zu verstehen wäre hingegen nicht anders als durch Uminterpretation und Verdrehung möglich. Besonders deutlich wird dies bei den zentralen Textstellen im Hebräerbrief. Es gibt keine Heilssicherheit, die unabhängig vom Tun und Lassen des Gläubigen zum ewigen Ziel führt.

Auch die Prädestinationslehren, die eine der wichtigsten Grundlagen der Lehre von der Unverlierbarkeit des Heils darstellen, haben letztlich keine biblische Stütze. Ihre Hauptannahme, wonach bestimmte Menschen von Gott in unwiderstehlicher und unwiderruflicher Weise zum Heil vorherbestimmt sind und durch unwiderstehliche Gnade sowohl zur Bekehrung als auch zur Heiligung und zum Treubleiben geführt werden, entspricht nicht der biblischen Wahrheit.

Was Bedeutung und Konsequenzen der hier behandelten Frage betrifft, so wird vielfach behauptet, dass diese hier zurückgewiesene Lehre einen Freibrief zur Leichtfertigkeit für Christen bedeute und damit eine große Gefahr darstelle. Dies wird man jedoch differenziert betrachten müssen: Geht man schlichtweg davon aus, dass „einmal bekehrt“ „immer gerettet“ bedeutet, („Once-saved-always-saved“), so ist das zu bejahen, denn dann fällt das Wissen um die möglichen Konsequenzen eines Nachgebens gegenüber der Sünde weg, was leicht zu einem Leben in Sünde führen kann. Dies ist dem „Fleisch“ sehr angenehm und begünstigt Lauheit und Kompromisse gegenüber der Sünde und schließlich ein Leben in Sünde und es ist anzunehmen, dass dies schon vielen Christen zur Gefahr, wenn nicht sogar zum Verhängnis geworden ist. Bei der calvinistisch begründeten Form dieser Lehre verhält es sich jedoch zumindest vom Grundsatz her anders, denn nach dieser Lehre ist ja ein Leben in Heiligung das entscheidende Kennzeichen der Erwählung; fehlt es an der Heiligung, so wird auch die Erwählung in Frage gestellt. In diesem Fall ist trotz der Auffassung, ein Christ könne nicht mehr verloren gehen, eine starke Motivation für ein Leben in Heiligung gegeben.

Unabhängig davon, ob diese Gefahren im Einzelfall konkret bestehen, muss jedoch festgestellt werden, dass diese Lehre ein falsches Bild vom Wesen und vom Handeln Gottes und von der Verantwortung des Christen zeichnet, sodass die Gemeinde Jesu ihr – gestützt auf das Gesamtzeugnis der Bibel – entgegentreten sollte.

Weitere Bücher aus der Reihe „Heiße Eisen“:

ALLVERSÖHNUNG

Was sagt die Bibel dazu?

Viele Christen wollen sich nicht damit abfinden, dass die Menschen, die ohne Jesus sterben, ewig in der Hölle leiden müssen. Sie sind der Ansicht, dass schließlich alle Menschen und womöglich sogar der Teufel und die Dämonen von Gott begnadigt werden. Wenn die Bibel von der Ewigkeit der Höllenstrafe spricht, so sei damit keine endlose Dauer, sondern nur ein sehr langer Zeitraum gemeint. Aber ist diese Lehre wirklich mit der Bibel vereinbar? Diese Frage soll in diesem Band eingehend untersucht werden.

Reihe Heiße Eisen 1 - Bestellnr.: 30-5-850

VORENTRÜCKUNG

Was sagt die Bibel dazu?

Viele Christen sind der festen Überzeugung, dass die Gemeinde Jesu die Große Trübsal mit der Weltherrschaft des Antichristen, die der Wiederkunft Jesu vorangeht, nicht mehr mitzuerleben brauche, weil sie vor deren Beginn von Jesus zu sich in den Himmel entrückt werde. Für viele ist dieser Gedanke ein großer Trost gerade auch in unserer Zeit, die immer mehr endzeitlichen Charakter trägt. Aber lehrt die Bibel wirklich die Vorentrückung? Diese Frage soll in diesem Band eingehend untersucht werden.

Reihe Heiße Eisen 3 - Bestellnr.: 30-5-852

Die Reihe „Heiße Eisen“ wird fortgesetzt.